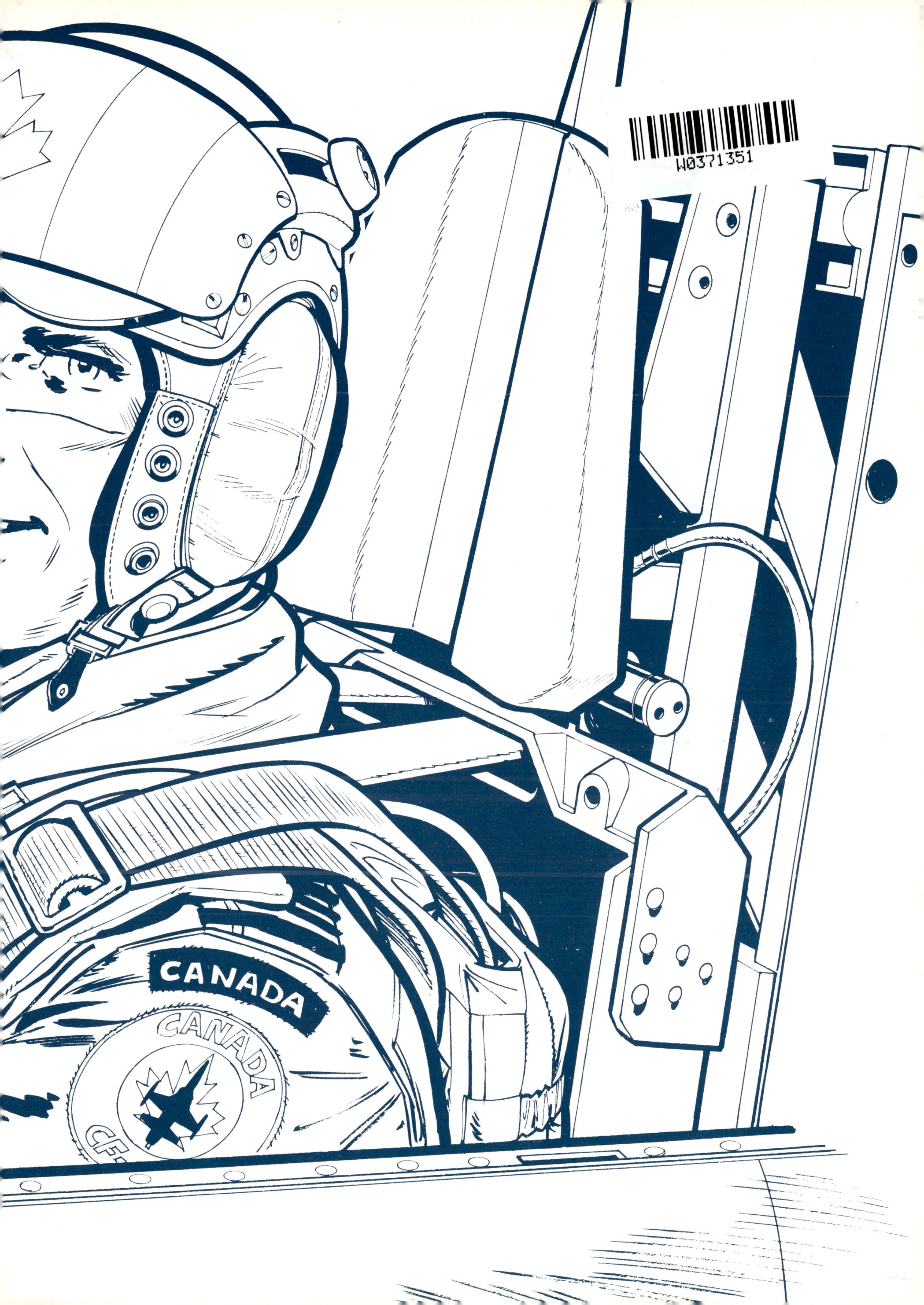

W0371351

A. WEINBERG

DAN COOPER

PILOTES sans UNIFORME

NOVEDI

Imprimé en Belgique
Dépôt légal n° 5628 - Novembre 1982
57.77.3449.01
ISBN 2.01.009195.7
Loi n° 49-956 du 16 juillet 1949
sur les publications destinées à la jeunesse - dépôt 11.82
© 1982 NOVEDI, BRUXELLES
Tous droits de reproduction, de traduction
et d'adaptation strictement réservés
pour tous pays, y compris l'U.R.S.S.
D/1982/3299/33

À PEINE LE JOUR S'EST-IL LEVÉ QUE DÉJÀ L'AIR VIBRE SOUS L'EFFET DES GRONDEMENTS PUISSANTS DES "RÉACTÉS" CANADIENS. QUE CE SOIT À BAGOTVILLE, À COMOX, COLD LAKE OU PARTOUT AILLEURS AU CANADA, LES "JETS" SONT AUSSI MATINAUX QUE TOUT LE PERSONNEL ET LES PILOTES. UN JOUR COMME LES AUTRES ?... PAS PRÉCISÉMENT...
MALGRÉ L'HEURE MATINALE, LE MAJOR DAN COOPER ÉVOLUE AVEC SES AILIERS, LOIN À L'OUEST DU LAC SAINT JEAN.
DE LEADER NUMERO UN ACCROCHE-TOI, GILLES, NOUS REPRENONS LA MANOEUVRE.
PAS BRUTAL AVEC LES GAZ! GARE AU CABRAGE. VENT DE TRAVERS. CORRECTION.
ENSUITE NOUS PASSERONS EN PALIER! "ANGELS 10"
ICI CONTRÔLE BAGOT. A NUMERO UN, PATROUILLE BLEUE, MAJOR COOPER. PRENEZ IMMÉDIATEMENT CAP RETOUR. OVER
?
CANADA

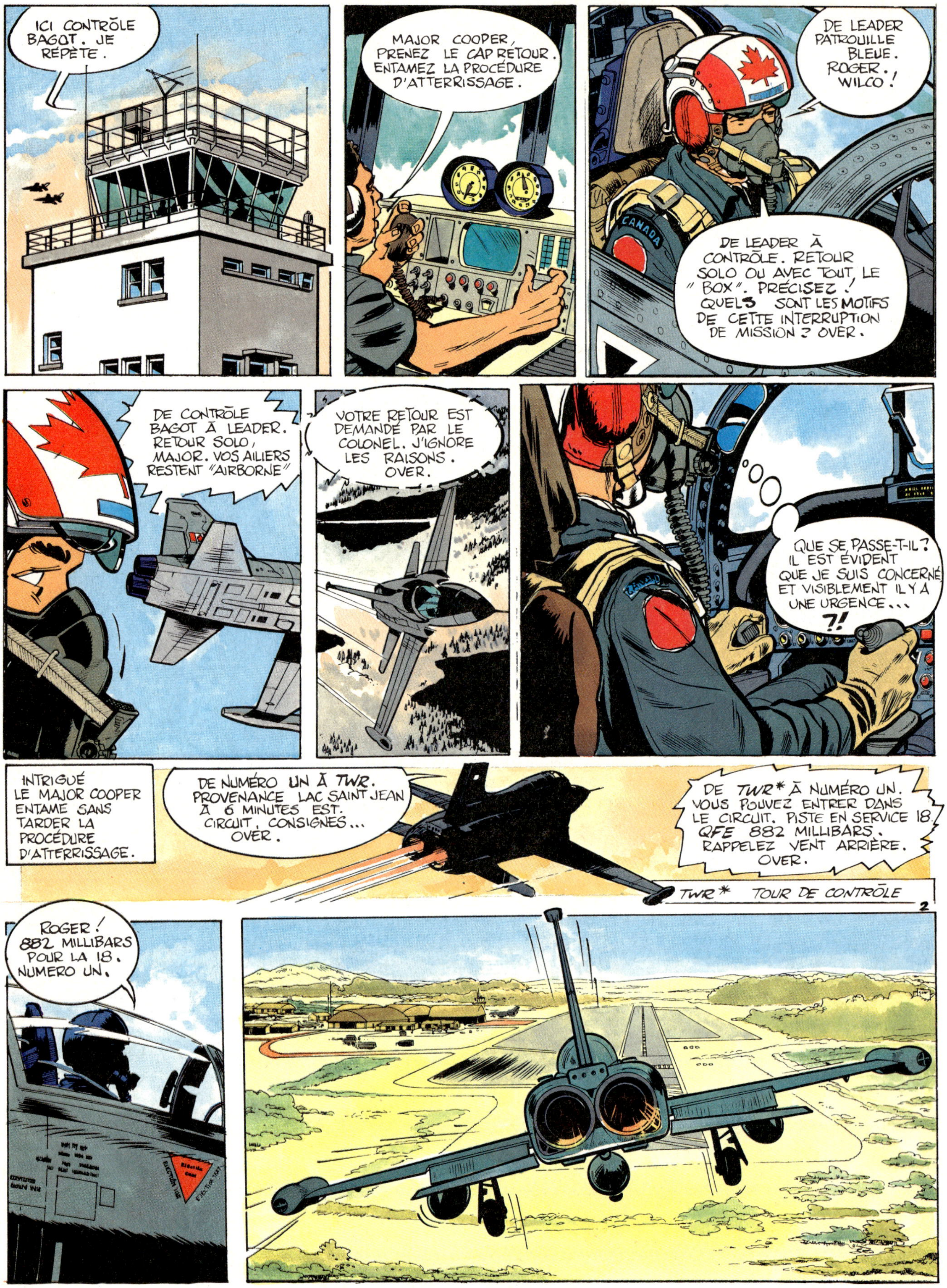
ICI CONTRÔLE BAGOT. JE RÉPÈTE.
MAJOR COOPER, PRENEZ LE CAP RETOUR. ENTAMEZ LA PROCÉDURE D'ATTERRISSAGE.
DE LEADER PATROUILLE BLEUE. ROGER. WILCO !
CANADA
DE LEADER À CONTRÔLE. RETOUR SOLO OU AVEC TOUT LE "BOX". PRÉCISEZ ! QUELS SONT LES MOTIFS DE CETTE INTERRUPTION DE MISSION ? OVER.
DE CONTRÔLE BAGOT À LEADER. RETOUR SOLO, MAJOR. VOS AILIERS RESTENT "AIRBORNE"
VOTRE RETOUR EST DEMANDÉ PAR LE COLONEL. J'IGNORE LES RAISONS. OVER.
QUE SE PASSE-T-IL ? IL EST ÉVIDENT QUE JE SUIS CONCERNÉ ET VISIBLEMENT IL Y A UNE URGENCE... ?!
INTRIGUÉ LE MAJOR COOPER ENTAME SANS TARDER LA PROCÉDURE D'ATTERRISSAGE.
DE NUMÉRO UN À TWR. PROVENANCE LAC SAINT JEAN À 6 MINUTES EST. CIRCUIT, CONSIGNES... OVER.
DE TWR* À NUMÉRO UN. VOUS POUVEZ ENTRER DANS LE CIRCUIT. PISTE EN SERVICE 18. QFE 882 MILLIBARS. RAPPELEZ VENT ARRIÈRE. OVER.
TWR* TOUR DE CONTRÔLE
ROGER ! 882 MILLIBARS POUR LA 18. NUMERO UN.

CHHI IIIIII
NUMERO UN PISTE 18 !
ROGER ! NUMERO UN RAPPELEZ PARKING OVER.
NUMERO UN AU PARKING. AUTORISATION DE QUITTER LA FRÉQUENCE
AUTORISÉ NUMERO UN. OUT.
MERCI, LOUIS ! JE DOIS ME RENDRE CHEZ LE COLONEL...
COMPRIS, MAJOR. J'AI UNE VOITURE DE PISTE... ALLONS-Y !
3
DAN EST AUSSITÔT REÇU PAR LE COLONEL GAUTIER, COMMANDANT LA BASE.
DÉSOLÉ DE VOUS AVOIR ARRACHÉ À VOS HOMMES, COOPER.
VOUS DEVEZ AVOIR DE BONNES RAISONS, COLONEL...
JE VAIS DROIT AU FAIT. COMME VOUS LE SAVEZ, LE VIOLENT TREMBLEMENT DE TERRE QUI A SECOUÉ PLUSIEURS PAYS DU MOYEN-ORIENT A PROVOQUÉ LA MORT DE DIZAINES DE MILLIERS DE VICTIMES... LES BLESSÉS NE SE DÉNOMBRENT PLUS... UNE SITUATION ÉPOUVANTABLE... VILLAGES RASÉS, ISOLÉS... SELON LES DERNIERS RAPPORTS, TOUTES LES COMMUNICATIONS SONT COUPÉES AVEC LES RÉGIONS SINISTRÉES... PIRE, ON REDOUTE DE NOUVELLES SECOUSSES.
DIABLE ! JE CROIS COMPRENDRE...

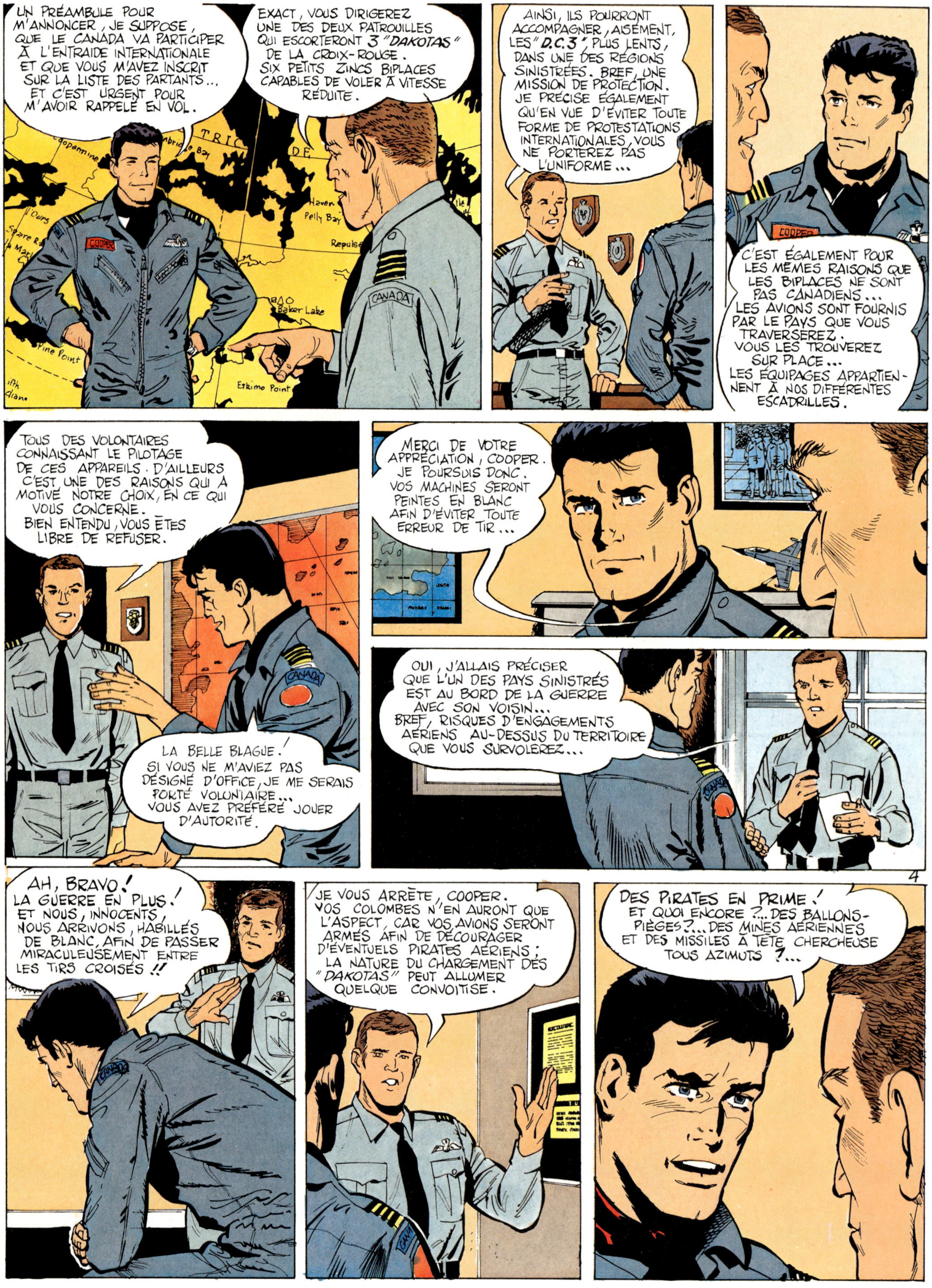

UN PRÉAMBULE POUR M'ANNONCER, JE SUPPOSE, QUE LE CANADA VA PARTICIPER À L'ENTRAIDE INTERNATIONALE ET QUE VOUS M'AVEZ INSCRIT SUR LA LISTE DES PARTANTS... ET C'EST URGENT POUR M'AVOIR RAPPELÉ EN VOL.
EXACT, VOUS DIRIGEREZ UNE DES DEUX PATROUILLES QUI ESCORTERONT 3 "DAKOTAS" DE LA CROIX-ROUGE. SIX PETITS ZINCS BIPLACES CAPABLES DE VOLER À VITESSE RÉDUITE.
COOPER
CANADA
Pelly Bay
Repulse
Baker Lake
Pine Point
Eskimo Point
AINSI, ILS POURRONT ACCOMPAGNER, AISÉMENT, LES "D.C.3", PLUS LENTS, DANS UNE DES RÉGIONS SINISTRÉES. BREF, UNE MISSION DE PROTECTION. JE PRÉCISE ÉGALEMENT QU'EN VUE D'ÉVITER TOUTE FORME DE PROTESTATIONS INTERNATIONALES, VOUS NE PORTEREZ PAS L'UNIFORME...
C'EST ÉGALEMENT POUR LES MÊMES RAISONS QUE LES BIPLACES NE SONT PAS CANADIENS... LES AVIONS SONT FOURNIS PAR LE PAYS QUE VOUS TRAVERSEREZ. VOUS LES TROUVEREZ SUR PLACE... LES ÉQUIPAGES APPARTIENNENT À NOS DIFFÉRENTES ESCADRILLES.
TOUS DES VOLONTAIRES CONNAISSANT LE PILOTAGE DE CES APPAREILS. D'AILLEURS C'EST UNE DES RAISONS QUI A MOTIVÉ NOTRE CHOIX, EN CE QUI VOUS CONCERNE. BIEN ENTENDU, VOUS ÊTES LIBRE DE REFUSER.
LA BELLE BLAGUE! SI VOUS NE M'AVIEZ PAS DÉSIGNÉ D'OFFICE, JE ME SERAIS PORTÉ VOLONTAIRE... VOUS AVEZ PRÉFÉRÉ JOUER D'AUTORITÉ.
MERCI DE VOTRE APPRÉCIATION, COOPER. JE POURSUIS DONC. VOS MACHINES SERONT PEINTES EN BLANC AFIN D'ÉVITER TOUTE ERREUR DE TIR...
OUI, J'ALLAIS PRÉCISER QUE L'UN DES PAYS SINISTRÉS EST AU BORD DE LA GUERRE AVEC SON VOISIN... BREF, RISQUES D'ENGAGEMENTS AÉRIENS AU-DESSUS DU TERRITOIRE QUE VOUS SURVOLEREZ...
AH, BRAVO! LA GUERRE EN PLUS! ET NOUS, INNOCENTS, NOUS ARRIVONS, HABILLÉS DE BLANC, AFIN DE PASSER MIRACULEUSEMENT ENTRE LES TIRS CROISÉS!!
JE VOUS ARRÊTE, COOPER. VOS COLOMBES N'EN AURONT QUE L'ASPECT, CAR VOS AVIONS SERONT ARMÉS AFIN DE DÉCOURAGER D'ÉVENTUELS PIRATES AÉRIENS; LA NATURE DU CHARGEMENT DES "DAKOTAS" PEUT ALLUMER QUELQUE CONVOITISE.
DES PIRATES EN PRIME! ET QUOI ENCORE?... DES BALLONS-PIÈGES?... DES MINES AÉRIENNES ET DES MISSILES À TÊTE CHERCHEUSE TOUS AZIMUTS?...

NON ! STOP ! APRÈS LES PIRATES, RIDEAU ! ALORS ? VOUS ÊTES QUAND MÊME PRENEUR ?
QUELS SONT LES PILOTES VOLONTAIRES, OU NON, QUI M'ACCOMPAGNERONT DANS CETTE MISSION ?
COOPER
JE CROIS QU'ILS SONT DE LA MÊME TREMPE QUE VOUS, MON CHER ! DE SACRÉES TÊTES DE PIOCHE QUI FONT L'ACIER DE NOTRE FORCE !
D'AILLEURS, BEAUCOUP SONT DE VOS ANCIENNES CONNAISSANCES. VOUS LES RETROUVEREZ LÀ-BAS... JE NE VOUS EN DIS PAS PLUS ! ET QUE DIEU VOUS GARDE, DAN !
JE FERAI DE MON MIEUX POUR L'AIDER COLONEL.
APRÈS AVOIR QUITTÉ LE COLONEL, COOPER REÇOIT UN RAPPORT CONFIDENTIEL, RÉDIGÉ PAR LES "SERVICES D'INTELLIGENCE", SUR LE PAYS SINISTRÉ. DAN POURRA L'ÉTUDIER DURANT SON VOYAGE JUSQU'À UN AÉRODROME PORTUAIRE DU MOYEN-ORIENT. LÀ, SONT ENTREPOSÉS VIVRES ET MÉDICAMENTS, ATTENDANT D'ÊTRE CHARGÉS SUR LES "DAKOTAS" DE LA CROIX-ROUGE.
C'EST À BORD D'UN "HERCULES" LE TRANSPORTANT LÀ-BAS QUE DAN PREND CONNAISSANCE DES DOCUMENTS D'INFORMATIONS.
EN FINALE, ALORS QUE LE PORT EST DÉJÀ EN VUE, IL DÉCOUVRE QUE L'AIDE DU CANADA N'A ÉTÉ ACCEPTÉE QU'APRÈS LONGUES TRACTATIONS.
EN FAIT, LA COMPOSITION DU CONVOI A ÉTÉ ÉTABLIE PAR LES AUTORITÉS MILITAIRES DU TERRITOIRE SINISTRÉ.
QU'IMPORTE CES EXIGENCES. POUR DAN L'IMPORTANT EST D'ACHEMINER LES SECOURS. AUTRE SURPRISE, CELLE-LÀ, HEUREUSE, LORSQUE NOTRE AMI QUITTE LE "HERCULÈS" !..
BIENVENUE AU PAYS DES MILLE ET UNE NUITS, MAJOR COOPER !!! COMME AUTREFOIS... HIP HIP HIP HURRAH !
LOUVERTURE !
LAFLEUR !
CHATT !
JACQUES !
5
CANADA
EH OUI, ILS SONT LÀ LES COPAINS DE DAN. LES LIEUTENANTS LOUVERTURE ET LAFLEUR, DEUX JOYEUX DRILLES QUI, PARFOIS, ONT DONNÉ QUELQUES SOUCIS À LEUR CHEF. (VOIR LES ALBUMS : DUEL DANS LE CIEL et COUP D'AUDACE)
IL Y A AUSSI LES CAPITAINES CHATTANOOGA, UN AUTHENTIQUE INDIEN CREE, ET JACQUES GAGNON, AVEC LEQUEL COOPER A VÉCU BIEN DES AVENTURES COMME : ACROBATES DU CIEL - TIGRES DE MER - MYSTÈRE DES SOUCOUPES VOLANTES et LES HOMMES AUX AILES D'OR ... DES MISSIONS PASSIONNANTES.

JOYEUSES RETROUVAILLES... TANT À SE DIRE... TANT À SE RAPPELER...
J'ÉTAIS CERTAIN DE RETROUVER ICI LE PREUX CHEVALIER DÉFENSEUR DE LA VEUVE ET DE L'ORPHELIN.
MAJOR HUNT !? ET LE LIEUTENANT MAC KAY !... DÉCIDÉMENT
CETTE FOIS, COOPER, JE NE SUIS PLUS SOUS TES ORDRES COMME AUTREFOIS * NOUS PARTAGERONS LES RESPONSABILITÉS.
J'Y COMPTE BIEN. COORDONNONS NOTRE BOULOT ET CE SERA PARFAIT. EN ATTENDANT, JE PROPOSE QUE NOUS ALLIONS VOIR LE MATÉRIEL. ENSUITE JE PROPOSE D'ALLER NOUS DÉSALTÉRER.
* VOIR ALBUMS : CANON DE L'ESPACE et PROGRAMME F-18.
VOILÀ NOTRE ARMADA... LES BRAVES VIEUX "DAKOTAS" ET NOS PETITS COUCOUS TOUT BLANCS ! DES SAAB "SUPPORTER" POUR HUNT ET SES HOMMES... ET POUR NOUS, LES GARS, DES "WARRIOR"...
ILS SONT "SUPER", CEUX-LÀ !... TU SAIS, DAN, J'AI FAIT DE L'ACRO COULÉE DANS UN SHOW, AVEC UN "WARRIOR" !
HÉ, LAFLEUR, TU OUBLIES QUE TU ES ICI POUR JOUER LES CHIENS DE BERGER AVEC CES "DAKS" BÊLANTS !
HÉ, LOUVERTURE, JE TE CONSEILLE DE NE PAS SORTIR ÇA DEVANT LES ÉQUIPAGES DES DC.3.
ILS POURRAIENT SE TRANSFORMER EN TAUREAUX...
APRÈS UN MINUTIEUX EXAMEN DU MATÉRIEL VOLANT, LES PILOTES ONT FÊTÉ LEURS RETROUVAILLES, PUIS DAN RASSEMBLE TOUS LES ÉQUIPAGES ET LE PERSONNEL D'ENTRETIEN POUR UN PREMIER BRIEFING. LE LENDEMAIN MATIN, AVANT LE DÉPART, DERNIÈRES INSTRUCTIONS, PUIS, C'EST L'ENVOL : "CAP AU NORD" ! UNE LONGUE HEURE A PASSÉ... LA FORMATION VOLE PAISIBLEMENT, EN APPARENCE DU MOINS. CAR ENTRE LES HOMMES S'ÉCHANGENT DES PROPOS PASSIONNÉS SUR LA MANIÈRE D'ORGANISER LES SECOURS.
DES DIZAINES DE MILLIERS DE SINISTRÉS ATTENDENT VIVRES ET MÉDICAMENTS ET ON ENVOIE "RELAX" TROIS BRAVES "DAKOTAS" QUI FERONT LA NAVETTE UNE DOUZAINE DE FOIS ENTRE LE PORT ET LE CAMP DE BASE POUR AMENER TOUT LE CHARGEMENT.
MAIS, BONTÉ DIVINE ! C'EST UNE DIZAINE DE GROS TRANSPORTS RAPIDES QU'IL AURAIT FALLU... LES MINUTES SONT LONGUES POUR CEUX QUI N'ONT RIEN À SE METTRE SOUS LA DENT OU QUI SONT BLESSÉS...
TU AS RAISON SUR TOUTE LA LIGNE, MON VIEUX. MAIS C'ÉTAIT AINSI OU RIEN... ALORS ?... NOUS EN REPARLERONS PLUS TARD... NOUS AVONS DE LA VISITE... REGARDE !...
6

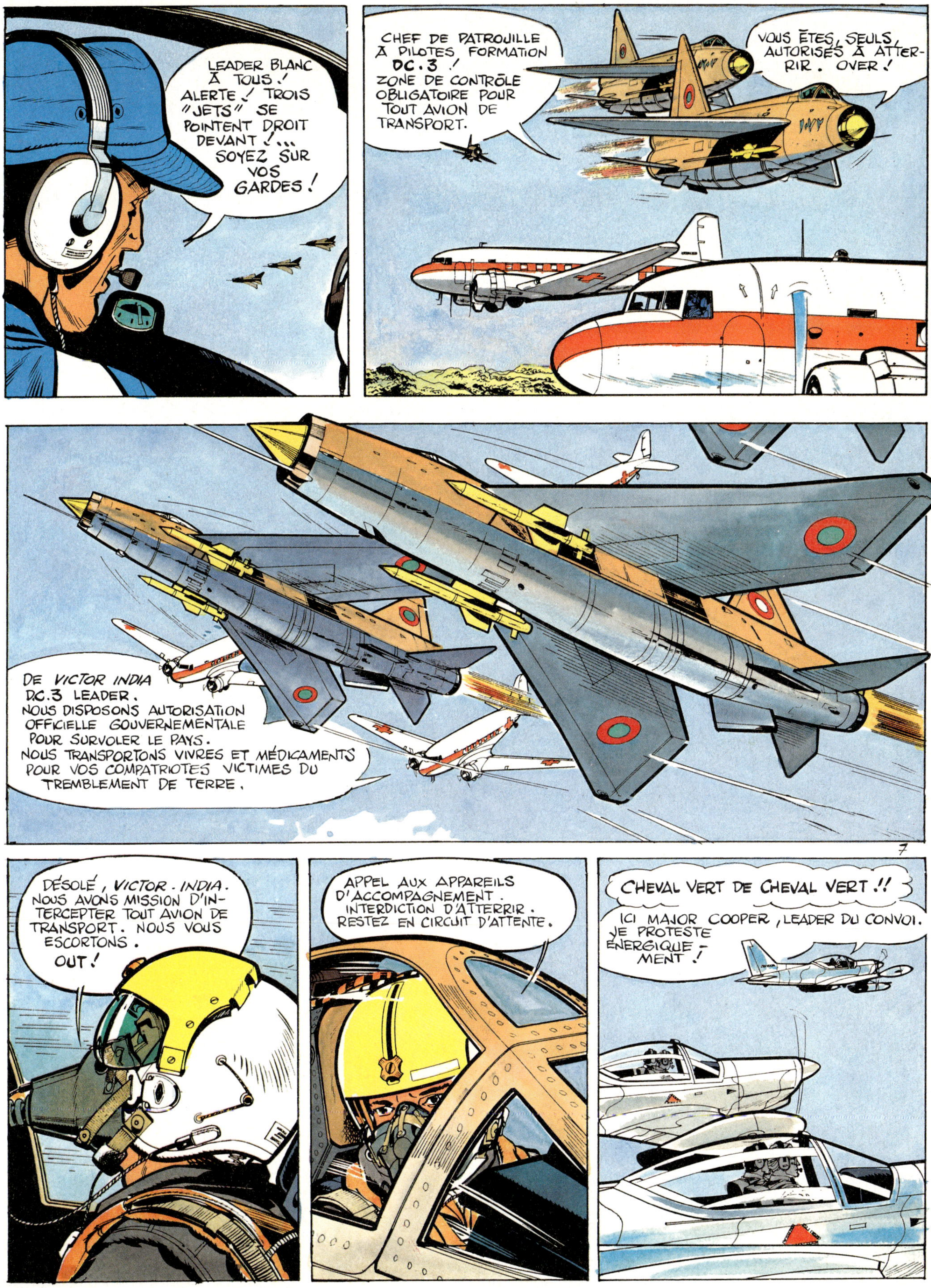
LEADER BLANC À TOUS ! ALERTE ! TROIS "JETS" SE POINTENT DROIT DEVANT !... SOYEZ SUR VOS GARDES !
CHEF DE PATROUILLE À PILOTES FORMATION DC.3 ! ZONE DE CONTRÔLE OBLIGATOIRE POUR TOUT AVION DE TRANSPORT.
VOUS ÊTES SEULS AUTORISÉS À ATTERRIR. OVER !
DE VICTOR INDIA DC.3 LEADER. NOUS DISPOSONS AUTORISATION OFFICIELLE GOUVERNEMENTALE POUR SURVOLER LE PAYS. NOUS TRANSPORTONS VIVRES ET MÉDICAMENTS POUR VOS COMPATRIOTES VICTIMES DU TREMBLEMENT DE TERRE.
DÉSOLÉ, VICTOR-INDIA. NOUS AVONS MISSION D'INTERCEPTER TOUT AVION DE TRANSPORT. NOUS VOUS ESCORTONS. OUT !
APPEL AUX APPAREILS D'ACCOMPAGNEMENT. INTERDICTION D'ATTERRIR. RESTEZ EN CIRCUIT D'ATTENTE.
CHEVAL VERT DE CHEVAL VERT !!
ICI MAJOR COOPER, LEADER DU CONVOI. JE PROTESTE ÉNERGIQUEMENT !

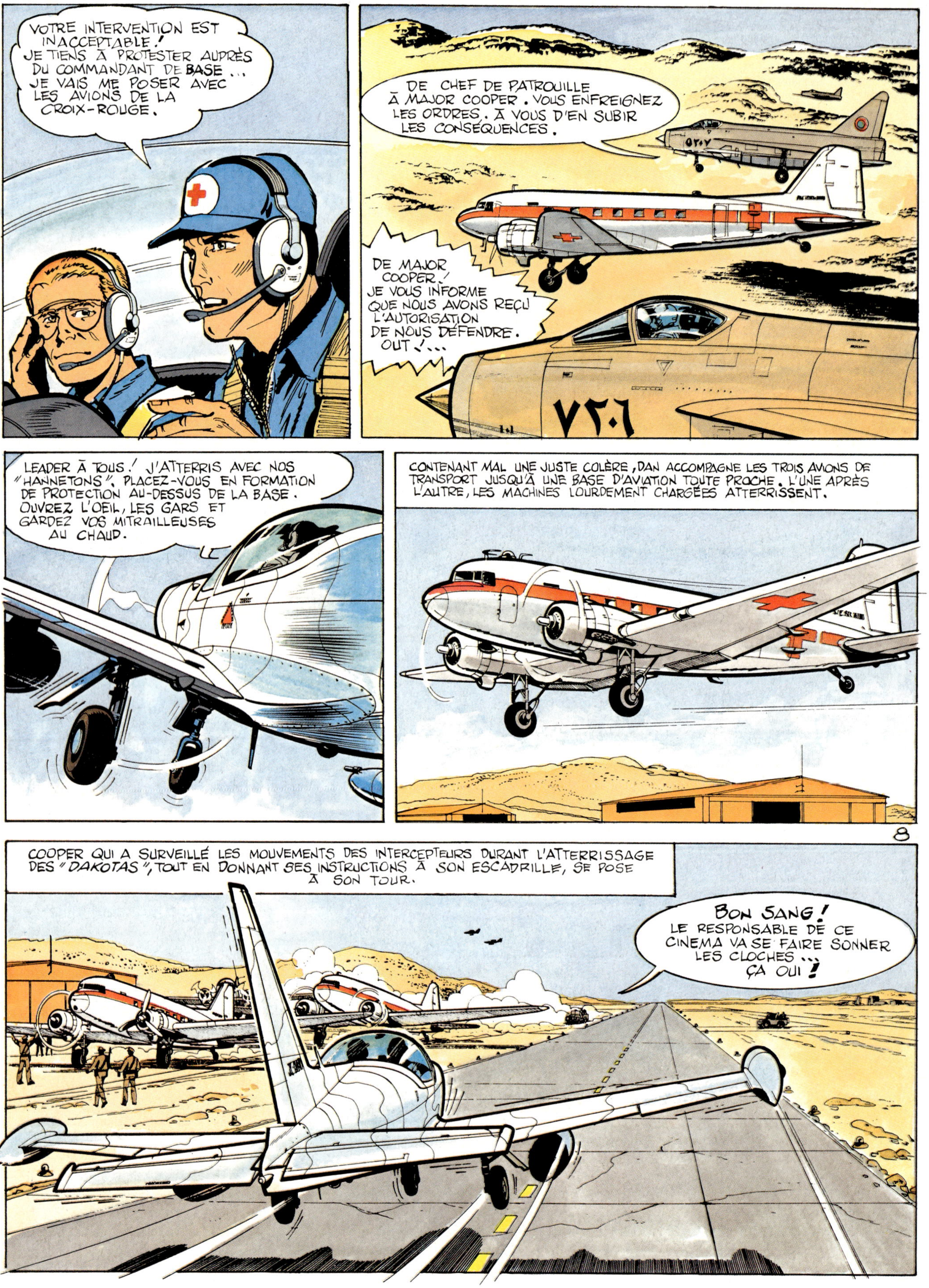
VOTRE INTERVENTION EST INACCEPTABLE ! JE TIENS À PROTESTER AUPRÈS DU COMMANDANT DE BASE... JE VAIS ME POSER AVEC LES AVIONS DE LA CROIX-ROUGE.
DE CHEF DE PATROUILLE À MAJOR COOPER. VOUS ENFREIGNEZ LES ORDRES. À VOUS D'EN SUBIR LES CONSÉQUENCES.
DE MAJOR COOPER ! JE VOUS INFORME QUE NOUS AVONS REÇU L'AUTORISATION DE NOUS DÉFENDRE. OUT !...
LEADER À TOUS ! J'ATTERRIS AVEC NOS "HANNETONS". PLACEZ-VOUS EN FORMATION DE PROTECTION AU-DESSUS DE LA BASE. OUVREZ L'OEIL, LES GARS ET GARDEZ VOS MITRAILLEUSES AU CHAUD.
CONTENANT MAL UNE JUSTE COLÈRE, DAN ACCOMPAGNE LES TROIS AVIONS DE TRANSPORT JUSQU'À UNE BASE D'AVIATION TOUTE PROCHE. L'UNE APRÈS L'AUTRE, LES MACHINES LOURDEMENT CHARGÉES ATTERRISSENT.
COOPER QUI A SURVEILLÉ LES MOUVEMENTS DES INTERCEPTEURS DURANT L'ATTERRISSAGE DES "DAKOTAS", TOUT EN DONNANT SES INSTRUCTIONS À SON ESCADRILLE, SE POSE À SON TOUR.
BON SANG ! LE RESPONSABLE DE CE CINEMA VA SE FAIRE SONNER LES CLOCHES... ÇA OUI !

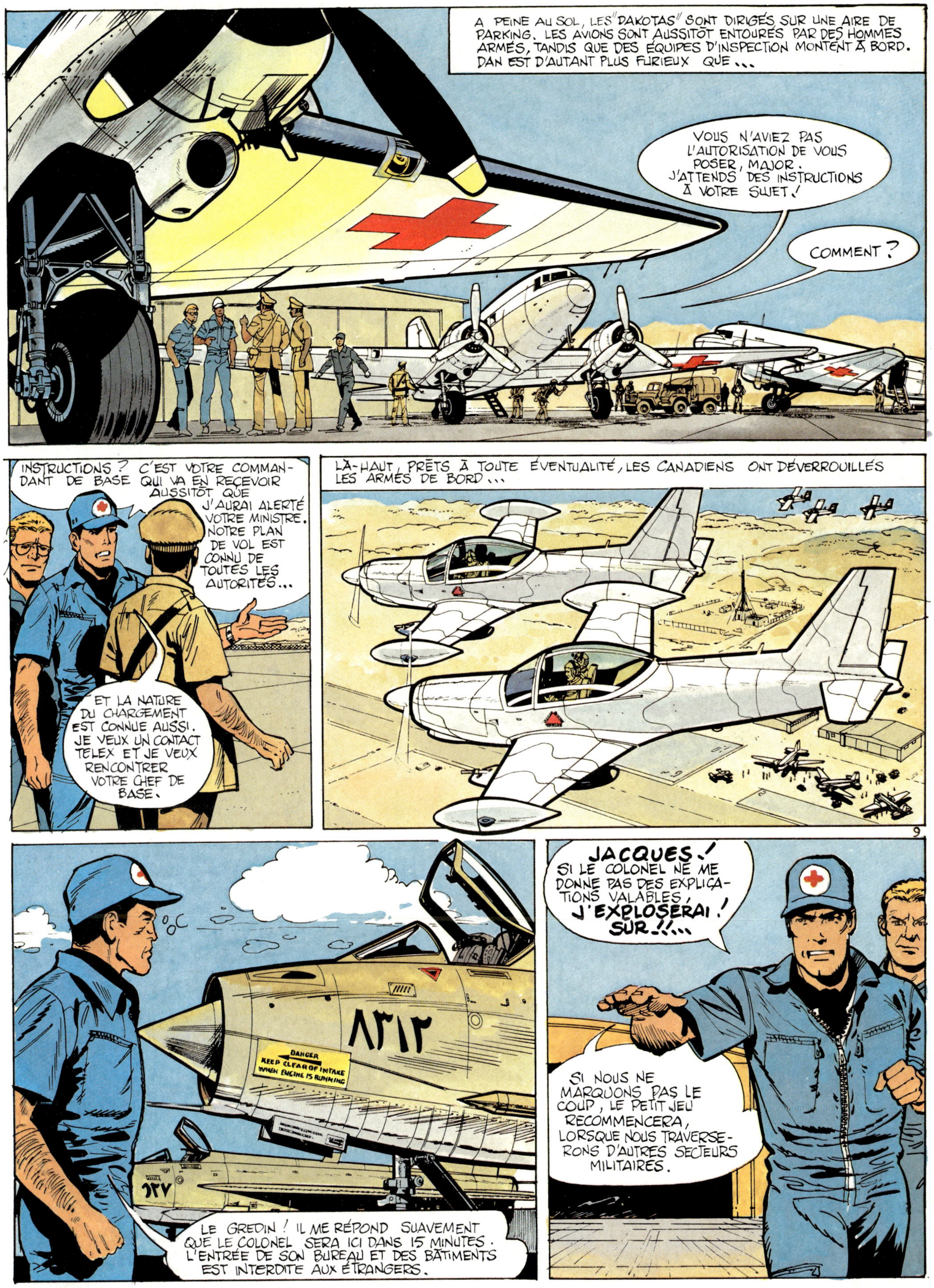
A PEINE AU SOL, LES "DAKOTAS" SONT DIRIGÉS SUR UNE AIRE DE PARKING. LES AVIONS SONT AUSSITÔT ENTOURÉS PAR DES HOMMES ARMÉS, TANDIS QUE DES ÉQUIPES D'INSPECTION MONTENT À BORD. DAN EST D'AUTANT PLUS FURIEUX QUE ...
VOUS N'AVIEZ PAS L'AUTORISATION DE VOUS POSER, MAJOR. J'ATTENDS DES INSTRUCTIONS À VOTRE SUJET !
COMMENT ?
INSTRUCTIONS ? C'EST VOTRE COMMANDANT DE BASE QUI VA EN RECEVOIR AUSSITÔT QUE J'AURAI ALERTÉ VOTRE MINISTRE. NOTRE PLAN DE VOL EST CONNU DE TOUTES LES AUTORITÉS...
ET LA NATURE DU CHARGEMENT EST CONNUE AUSSI. JE VEUX UN CONTACT TELEX ET JE VEUX RENCONTRER VOTRE CHEF DE BASE.
LÀ-HAUT, PRÊTS À TOUTE ÉVENTUALITÉ, LES CANADIENS ONT DÉVERROUILLÉS LES ARMES DE BORD...
DANGER
KEEP CLEAR OF INTAKE
WHEN ENGINE IS RUNNING
LE GREDIN ! IL ME RÉPOND SUAVEMENT QUE LE COLONEL SERA ICI DANS 15 MINUTES. L'ENTRÉE DE SON BUREAU ET DES BÂTIMENTS EST INTERDITE AUX ÉTRANGERS.
JACQUES ! SI LE COLONEL NE ME DONNE PAS DES EXPLICATIONS VALABLES, J'EXPLOSERAI ! SUR !!...
SI NOUS NE MARQUONS PAS LE COUP, LE PETIT JEU RECOMMENCERA, LORSQUE NOUS TRAVERSERONS D'AUTRES SECTEURS MILITAIRES.

L'EXASPÉRATION DE DAN NE FAIT QUE CROÎTRE DEVANT LA LENTEUR MISE PAR LES INSPECTEURS POUR VÉRIFIER LE CHARGEMENT DES "DAKOTA"... UNE LONGUE DEMI-HEURE S'ÉCOULE...
HB-71416
INTERNATIONAL RED CROSS OF GENEVA
POLICE
...JUSQU'À CE QUE, ENFIN, LE COMMANDANT DE LA BASE SE PRÉSENTE...
C'EST LE MOMENT DE ME SOUVENIR QUE LA PREMIÈRE QUALITÉ D'UN PILOTE, C'EST LE SANG-FROID !...
COLONEL ! JE PROTESTE SOLENNELLEMENT CONTRE L'ARRAISONNEMENT, IL N'Y A PAS D'AUTRE TERME, DE NOTRE CONVOI DE LA CROIX-ROUGE !...
NOUS AVONS L'AUTORISATION OFFICIELLE DE VOL... ET VOUS LE SAVEZ !
DÉSOLÉ. TOUT AVION DE TRANSPORT SURVOLANT MON SECTEUR DOIT SE SOUMETTRE À LA FOUILLE !
LES MILLIERS DE SINISTRÉS QUI ATTENDENT NOTRE AIDE APPRÉCIERONT VOTRE GESTE !...
CAR, SOYEZ-EN CERTAIN, JE NE VOUS MÉNAGERAI PAS, COLONEL.
10
VOUS ME JUGEZ BIEN MAL, MON CHER ! JE N'AI FAIT QU'APPLIQUER LE RÈGLEMENT
MAIS JE VEUX VOUS ÉVITER D'AUTRES OBLIGATIONS DE CE GENRE.
JE VOUS ADJOINS LE MAJOR SALEM. IL PARLEMENTERA SI VOUS ÊTES INTERCEPTÉ.
GRÂCE À LUI, VOUS VOLEREZ D'UN TRAIT JUSQU'À VOTRE DESTINATION...
QU'IL VIENNE SI ÇA LUI CHANTE ! MAIS, À PRÉSENT, JE TIENS À DÉCOLLER, ET VITE, AVEC LES TROIS "DAKOTAS" !...

10 MINUTES PLUS TARD...
BON SANG ! QUEL GÂCHIS DE TEMPS !!
ET NOS COPAINS LÀ-HAUT QUI ONT BRÛLÉ INUTILEMENT LEUR KÉROSÈNE !...
ILS N'ARRIVERONT PAS À LA BASE D'ACCUEIL.
JE LE CRAINS. ILS DEVRONT SE POSER SUR LE SEUL TERRAIN DE SECOURS PRÉVU POUR FAIRE LE PLEIN DE CARBURANT EN CAS DE NÉCESSITÉ...
AH ! VOICI LE DERNIER "CARGO" QUI DÉCOLLE ... À NOUS !
À SON TOUR, DÉCOLLANT EN SOUPLESSE, LE "WARRIOR" DE DAN COOPER GRIMPE À LA SUITE DES D.C.3.
DEUX MINUTES PLUS TARD, IL REJOINT SES PREMIERS AILIERS QUI CERCLAIENT INLASSABLEMENT AU-DESSUS DE LA BASE ...
11
ET LE CONVOI, ENFIN REFORMÉ, REPREND SON CAP.
LEADER À TOUS. ALLEZ-Y DOUCEMENT AVEC VOTRE MANETTE DE GAZ. RENDEZ LA MAIN, NOUS DEVONS VOLER À RÉGIME ÉCONOMIQUE.
ICI, HUNT. J'AI DÉJÀ DONNÉ DES INSTRUCTIONS EN CE SENS, COOPER !... MAIS NOS JAUGES BAISSENT LA TÊTE DE PLUS EN PLUS.

BRAVO HUNT ! MAIS JE SAIS QUE CELA N'EMPÊCHERA PAS LE RAVITAILLEMENT À LA "STATION SERVICE" NUMÉRO DEUX...
CONTACTE DÉJÀ LES GENS DE LÀ-BAS, JACQUES ! ANNONCE-LEUR NOTRE ARRIVÉE.
ENTENDU, DAN.
LA RÉPONSE AU MESSAGE DU CAPITAINE GAGNON APPORTE UN SOUCI SUPPLÉMENTAIRE...
NOUS AVONS UN PROBLÈME, DAN. LA PISTE DE CE TERRAIN EST EN MAUVAIS ÉTAT, LES D.C.3 SONT TROP LOURDS, ILS Y CASSERAIENT LEUR TRAIN.
ET ÇA CONTINUE AVEC LA MALCHANCE ! ET ALLEZ DONC !
12
DE SAAB NUMBER ONE ! RÉSERVOIRS PRESQUE SECS, MAJOR COOPER. SITUATION CRITIQUE !
PRÉCISE-LUI QUE NOUS POUVONS TENIR DIX MINUTES, GRAND MAXIMUM !
DE SAAB NUMBER THREE. JE DEMANDE AUTORISATION DE QUITTER LA FORMATION, JE SUIS "SEC" !
NOUS ALLONS METTRE LE CAP SUR LE TERRAIN DE SECOURS. IL EST À NOTRE PORTÉE.
ICI CAPITAINE MURRAY. D.C.3 VICTOR INDIA. JE PROPOSE DE CONTINUER NOTRE VOL À BAS RÉGIME PENDANT LE RAVITAILLEMENT DE L'ESCORTE.
BONNE IDÉE, MURRAY.

BIEN REÇU VICTOR INDIA. IL N'Y A PAS D'AUTRE SOLUTION. RESTEZ "AIRBORNE"
MA MACHINE RESTERA EN PROTECTION, NOUS POURSUIVRONS ENSEMBLE, MA RÉSERVE DE CARBURANT EST SUFFISANTE.
LEADER BLANC À TOUS ROMPEZ LA FORMATION ET METTEZ LE CAP SUR LE TERRAIN DE RAVITAILLEMENT.
ICI LAFLEUR. ENTENDU, DAN. SI ÇA SE TROUVE ON TE RAMÈNERA UNE BIÈRE FRAÎCHE.
ICI DAN. MERCI D'Y PENSER, VIEUX, MAIS NE T'ÉLOIGNE PAS DE TA MACHINE, J'Y TIENS AUTANT QUE TOI.
BATTANT DES AILES POUR SALUER LEUR CHEF, LES AVIONS D'ESCORTE DÉCROCHENT ET GLISSENT VERS LE TERRAIN...
REVENEZ-NOUS VITE, LES GARS. NOUS AVONS BESOIN DE VOUS.
CURIEUX ! JE N'AIME PAS LES VOIR S'ÉLOIGNER.
13

JACQUES, NOUS VOICI SEULS. S'IL PRENAIT LA FANTAISIE À DES PIRATES AÉRIENS DE S'ABATTRE SUR LE CONVOI, NOTRE TÂCHE SERAIT DURE.
NOUS EN AVONS VU D'AUTRES, DAN ! QU'ILS Y VIENNENT.
C'EST FAIT, CAPITAINE. LES AVIONS D'ESCORTE À L'EXCEPTION DU LEADER, SE DIRIGENT VERS NOTRE BASE.
TRÈS BIEN. TOUT FONCTIONNE À MERVEILLE J'ALERTE LE COLONEL.
ICI TAYEH, COLONEL. PLAN VERT, PHASE 2, RÉUSSI. LE "CONTRÔLE-BIDON" DES AVIONS DE LA CROIX-ROUGE A PRODUIT LES EFFETS ESPÉRÉS : LES ESCORTEURS CANADIENS OBLIGÉS DE TENIR L'AIR DURANT LE CONTRÔLE SONT À COURT DE CARBURANT, COMME PRÉVU. ILS SERONT ICI, DANS QUELQUES MINUTES, POUR PRENDRE LEUR "BIBERON".
EXCELLENT. FAITES TRAÎNER LES OPÉRATIONS DE RAVITAILLEMENT. AINSI LA VOIE EST LIBRE POUR NOS "JETS".
14
ET, DANS LES SECONDES QUI SUIVENT, UN GROUPE DE DANGEREUX INTERCEPTEURS FONCE DANS LE CIEL... SON OBJECTIF : LES D.C.3 DE LA CROIX-ROUGE ET LEUR UNIQUE DÉFENSEUR, LE MAJOR DAN COOPER.

ET PENDANT CE TEMPS, DAN BIEN QUE VIGILANT, ET MALGRÉ TOUT INQUIET, CHERCHE À DISTRAIRE LES ÉQUIPAGES DES "DAKOTA"...
KENDALL, TOI QU'ON DIT TRÈS CALÉ, PEUX-TU ME DIRE COMMENT SE NOMMENT LES HABITANTS DE...
... DES MOOSICHAPPIS-HANISSIPPIANS !... C'EST AINSI QU'ON APPELLE LES HABITANTS DE MOOSE-JAW !... TU COMPRENDS, CE COUP-LÀ, ON ME L'A DÉJÀ FAIT, COOPER !
BRAVO ! TU M'AS POSSÉDÉ, KEN. AU TEMPS POUR MOI !
HÉLÀ !?
DES CURIEUX À SIX HEURES !...
LEADER À TOUS ! MAINTENEZ LA FORMATION ! MURRAY, PRENDS LE COMMANDEMENT.
EN DÉGAGEANT, JE VAIS CONNAÎTRE LEURS INTENTIONS.
MAIS DAN !? TU LAISSES LES GARS SANS PROTECTION !?
AU CONTRAIRE, SI CES ARRIVANTS SONT HOSTILES NOTRE MANOEUVRE VA LES ATTIRER VERS NOUS.
DE FAIT, DEUX DES INCONNUS SE DIRIGENT AUSSITÔT VERS LE "WARRIOR" DE DAN.
TANDIS QUE LES TROIS AUTRES ENTOURENT LES LENTS "DAKOTA"
CHEF DE GROUPE À PILOTES D.C3. PRENEZ LE CAP 165. JE RÉPÈTE.
OBÉISSEZ, KENDALL...
COMMENT, C'EST VOUS NOTRE OFFICIER D'ACCOMPAGNEMENT QUI RÉAGISSEZ AINSI ?! AH, NON ! DÉCLINEZ VOTRE IDENTITÉ ET RENVOYEZ-LES D'OÙ ILS VIENNENT... DITES-LEUR CE QUE NOUS TRANSPORTONS.

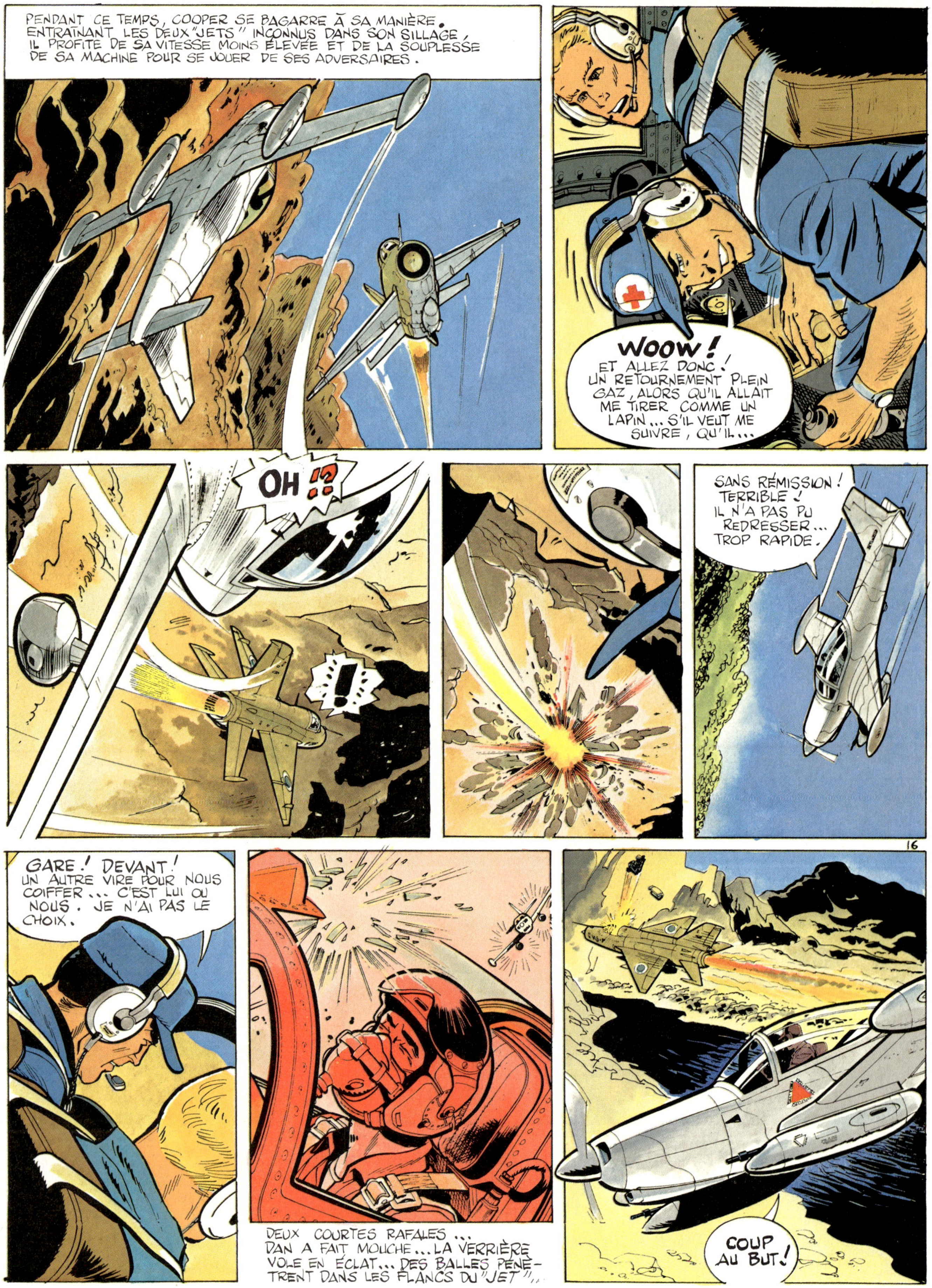
PENDANT CE TEMPS, COOPER SE BAGARRE À SA MANIÈRE. ENTRAINANT LES DEUX "JETS" INCONNUS DANS SON SILLAGE, IL PROFITE DE SA VITESSE MOINS ÉLEVÉE ET DE LA SOUPLESSE DE SA MACHINE POUR SE JOUER DE SES ADVERSAIRES.
WOOW! ET ALLEZ DONC! UN RETOURNEMENT PLEIN GAZ, ALORS QU'IL ALLAIT ME TIRER COMME UN LAPIN... S'IL VEUT ME SUIVRE, QU'IL...
OH !?
!
SANS RÉMISSION! TERRIBLE! IL N'A PAS PU REDRESSER... TROP RAPIDE.
16
GARE! DEVANT! UN AUTRE VIRE POUR NOUS COIFFER... C'EST LUI OU NOUS. JE N'AI PAS LE CHOIX.
DEUX COURTES RAFALES... DAN A FAIT MOUCHE... LA VERRIÈRE VOLE EN ÉCLAT... DES BALLES PÉNÈTRENT DANS LES FLANCS DU "JET"...
COUP AU BUT!

DIEU MERCI ! IL A PU S'ÉJECTER. J'AIME MIEUX ÇA... NOUS AVONS EU UNE SACRÉE VEINE, JACQUES.
ARRÊTE ! TU VAS ME FAIRE CROIRE QUE TU PILOTES COMME UN DÉBUTANT ET QUE C'EST PAR HASARD QUE TU L'AS DESCENDU !
HÉHO ! REGARDE-MOI ÇA !... NOS BONS VIEUX "DAKOTA" !!!
?
ILS SONT INTACTS ! PAS UN NE MANQUE À L'APPEL...
MAIS ALORS ? LES AUTRES "JETS" SONT REPARTIS ? ONT-ILS REÇU UN CONTRE-ORDRE ?
ALLO NUMÉRO UN À CAPITAINE MURRAY... LES OISEAUX DE PROIE VOUS ONT DÉDAIGNÉS, ON DIRAIT.
17
COMME UN BLEU ! JE ME SUIS LAISSÉ SURPRENDRE COMME UN NOVICE... CES DANGEREUX GAILLARDS ÉTAIENT LÀ-HAUT...
UNE RUSE ! TELLEMENT VIEILLE ! JE SUIS AUSSI FAUTIF QUE TOI, DAN.
LA PREUVE ! ILS SONT LÀ... TROIS ! ENCORE LANCÉS SUR LEUR TRAJECTOIRE... MAIS ILS FERONT LA BOUCLE... ET ALORS !?...
DAN SE SENT PRIS AU PIÈGE TROIS ADVERSAIRES EN BONNE POSITION... CETTE FOIS LA PARTIE EST INÉGALE.
DAN JE CRAINS QUE NOUS ALLONS TRAVAILLER SANS FILET.
POSSIBLE ! ACCROCHE-TOI JE VAIS SECOUER CE ZINC COMME UN PRUNIER.

MAIS SOUDAIN, LA SITUATION BASCULE À L'AVANTAGE DES CANADIENS...
DAN ! ILS DÉCROCHENT ?
ON DIRAIT ! ÇA !?!
DE FAIT, LES TROIS ASSAILLANTS PRENNENT LE LARGE.
HAHA ! REGARDE DONC DU CÔTÉ "DAKOTA" LES COPAINS... LES COPAINS SONT REVENUS !!!
YOUPII J'AIME MIEUX LES VOIR QUE DE RENCONTRER LES ANGES DU PARADIS... ET NOUS AVONS BIEN FAILLI LEUR RENDRE VISITE !
D'UN COUP D'AILE, LE MAJOR COOPER REJOINT LA FORMATION...
SACHEZ-LE, LES GARS ! JE N'AI JAMAIS ÉTÉ AUSSI HEUREUX DE VOUS REVOIR, PAS VRAI, JACQUES.
OH, QUE SI !
AVOUEZ, MAJOR, QUE CES PIRATES ONT EU UN FAMEUX FLAIR POUR VOUS DÉBUSQUER ALORS QUE VOUS ÉTIEZ SEUL.
À MOINS QU'ILS NE NOUS SUIVAIENT DÉJÀ DEPUIS LONGTEMPS EN VOLANT TRÈS HAUT...
SANS DOUTE, MAIS ILS AURAIENT PU AUSSI NOUS ATTENDRE LE HASARD LES A SERVIS
HYPOTHÈSES QUI NE TIENNENT PAS S'IL S'AGIT D'AVIONS MILITAIRES DE CE PAYS...
ON PEUT LE SAVOIR !
CAPTAIN MURRAY, QUEL CONTACT AVEZ-VOUS EU AVEC NOS AGRESSEURS ?
QUESTION DE CONTACT, POUR NOTRE PART, NOUS AVONS ÉTÉ SERVIS...
ILS VOULAIENT NOUS FORCER À PRENDRE UN AUTRE CAP, MAJOR...
JE VOIS ! EN QUELQUE SORTE, ILS VOUS "ENLEVAIENT" !..
LE MAJOR SALEM A PEUT-ÊTRE PU IDENTIFIER NOS ATTAQUANTS... ÊTES-VOUS À L'ÉCOUTE, MAJOR ?
18

OUI, JE VOUS ENTENDS, MAJOR COOPER. JE LES AI RECONNUS ! CES "JETS" VENAIENT DU PAYS VOISIN !... C'EST KAALED LE MAUDIT QUI LEUR A ORDONNÉ DE S'INTRODUIRE CHEZ NOUS. KAALED EST UN FOU, UN ILLUMINÉ !...
DES AVIONS ÉTRANGERS ? ALORS IL S'AGIT D'UNE VIOLATION DE FRONTIÈRE CARACTÉRISÉE !
ABSOLUMENT ! KAALED VEUT LA GUERRE ! IL NOUS PROVOQUE SANS CESSE, MAJOR !
JE VOIS, MAJOR... JE VOIS !...
AU FAIT, KENDALL, LORS DE L'ATTAQUE NOUS NAVIGUIONS AU 45, N'EST-CE PAS ?
AFFIRMATIF ! UN CAP PARALLÈLE À LA FRONTIÈRE VOISINE...
C'EST BIEN EXACT... OR VOS AGRESSEURS VOULAIENT VOUS ENTRAINER SUR LE CAP 165... C'EST À DIRE VERS L'INTÉRIEUR DE VOTRE PAYS, MAJOR SALEM. C'EST INCOMPRÉHENSIBLE !
HEU... OUI... BIEN SÛR... UNE RUSE, MAJOR COOPER... C'ÉTAIT UNE RUSE ! ILS NOUS AURAIENT ENSUITE ORDONNÉ DE CHANGER DE CAP EN DIRECTION DE LEUR FRONTIÈRE !
AH OUI ? ALORS DANS CE CAS, POURQUOI M'AVEZ-VOUS DEMANDÉ DE LEUR OBÉIR ?
MAIS, KENDALL... IL LE FALLAIT !... ILS NOUS AURAIENT ABATTUS SANS PITIÉ !
ICI COOPER ! JE VIENS D'ENTENDRE, MAJOR SALEM. ÇA NE TIENT PAS VOTRE HYPOTHÈSE... DÉTRUIRE FROIDEMENT TROIS AVIONS DE LA CROIX-ROUGE AU-DESSUS D'UN TERRITOIRE ETRANGER !? ALLONS DONC !
CEUX QUI SE LIVRERAIENT À UN TEL ACTE DE BARBARIE SERAIENT CONDAMNÉS UNANIMEMENT PAR L'OPINION MONDIALE... AUCUN DIRIGEANT NE SE METTRAIT AUSSI GROSSIÈREMENT AU PILORI DES NATIONS.
À PREMIÈRE RÉFLEXION ON PEUT EN DÉDUIRE QU'IL S'AGIT D'UNE PROVOCATION DESTINÉE À DISCRÉDITER VOS VOISINS. À QUI PROFITE CETTE ASTUCE ? VOILA TOUTE LA QUESTION ?
19
LA RÉPONSE, DAN, EST ICI SUR CETTE BASE SPÉCIALE ET SECRÈTE DU PAYS QUE TU SURVOLES !
UN ECHEC ! ILS NE SONT PAS PARVENUS À NOUS AMENER LES "DAKOTA" !
ALORS QUE TOUT AVAIT ÉTÉ MIS AU POINT !

LE CONTRÔLE-"BIDON" DES "DAKOTA", TANDIS QUE LES MINABLES AVIONS D'ESCORTE, OBLIGÉS DE GARDER L'AIR, BRÛLAIENT LEUR KÉROSÈNE, N'AVAIT PAS D'AUTRE BUT QUE D'ISOLER, PAR LA SUITE, LES "DAKOTA" !...
RÉSULTAT : LES "GARDIENS" DEVAIENT SE POSER PLUS LOIN, LAISSANT LES "DAKOTA" SANS PROTECTION... NOS "ZINCS" N'AVAIENT PLUS QU'À LES CUEILLIR, LES FORCER À ATTERRIR SUR NOTRE BASE, ET LES ÉQUIPAGES ÉTAIENT AUSSITÔT EMPRISONNÉS.
IL NE RESTAIT PLUS AUX AVIATEURS MERCENAIRES QU'À PRENDRE LIVRAISON DES AVIONS.. LA SUITE, VOUS LA CONNAISSEZ...
AU LIEU DE CELA, DEUX DE NOS "JET" LES PLUS RAPIDES ENVOYÉS AU TAPIS PAR UN MISÉRABLE PETIT SAAB ! INADMISSIBLE !
LE SAAB ÉTAIT PILOTÉ PAR LE MAJOR COOPER, COLONEL ! IL A FAIT ÉCHOUER VOTRE PLAN EN SE POSANT AVEC LES DAKOTA, ALORS QU'IL DEVAIT "CERCLER" AVEC SES AILIERS.
ET L'EMPÊCHER D'ATTERRIR, C'ÉTAIT COURIR LE RISQUE D'UN AFFRONTEMENT AVEC TOUS LES AVIONS CANADIENS... IMAGINEZ LES RÉPERCUSSIONS INTERNATIONALES !...
NON ! NOUS NE POUVIONS PAS NOUS OPPOSER À CE QU'IL ATTERRISSE, CE DAMNÉ MAJOR... MAIS DE LÀ À IMAGINER QU'IL SURCLASSERAIT NOS MEILLEURS PILOTES...
MAINTENANT, JE VOUS L'AI DIT, IL FAUT MODIFIER LE PLAN INITIAL... LORSQUE LES CANADIENS SERONT À LA BASE NORD, IL FAUDRA AGIR. COMME VOUS LE SAVEZ, LES TONNELETS ONT ÉTÉ ENTREPOSÉS SUR CETTE BASE ET LE COLONEL, LÀ-BAS, EST DES NÔTRES, AINSI QUE SES OFFICIERS.
MAIS, GÉNÉRAL, PUISQUE LES "CONTAINERS" SONT SUR LA BASE NORD, POURQUOI NE PAS AVOIR ENVISAGÉ DE NOUS EMPARER DES "DAKOTA" SUR CETTE PLACE PLUTÔT QUE...
TÊTE CREUSE !
"KIDNAPPÉS" EN PLEIN VOL, LES "DAKOTA" SE VOLATILISAIENT... AUCUN SOUPÇON SUR NOUS ! SEULS NOS VOISINS AURAIENT ÉTÉ INQUIÉTÉS.
MAINTENANT, UNE INTERVENTION NOUS OBLIGERA À RÉALISER UNE OPÉRATION-ÉCLAIR, SANS LA MOINDRE BAVURE...
AUCUN TÉMOIN NE DOIT SURVIVRE ! IL ME FAUT CES AVIONS DE LA CROIX-ROUGE, À TOUT PRIX... ET LE TEMPS PRESSE...
20

CEPENDANT, LE CONVOI A POURSUIVI SA ROUTE ET S'APPROCHE DE LA RÉGION SINISTRÉE ET DE SON BUT, LA BASE NORD OÙ LES "DAKOTA" SERONT VIDÉS DE LEURS PRÉCIEUSES CHARGES... MAIS, POUR L'HEURE, ON PENSE PEU À CETTE OPÉRATION.
MOI, COOPER, JE TE JURE QUE NOS "SAAB" OUVRIRONT LE FEU SUR TOUT CE QUI APPROCHERA DU CONVOI.
PAS D'EMBALLEMENT, HUNT! NOUS NE SOMMES PAS ENGAGÉS DANS UNE ACTION MILITAIRE, N'EMPÊCHE... ÉCOUTE DONC CE QUE J'AI À DIRE AU COLONEL, COMMANDANT LA BASE NORD... J'AI LA LIAISON AVEC LUI...
ICI COLONEL KHLAREZ... NOUS ATTENDONS VOTRE ARRIVÉE, MAJOR COOPER.
COLONEL, EN GUISE DE BIENVENUE, IL Y AVAIT MIEUX!
EN QUELQUES PHRASES, DAN DÉCRIT L'ATTAQUE AÉRIENNE QUE SON CONVOI A SUBIE.
JE SUPPOSE, COLONEL QUE VOTRE DÉFENSE AÉRIENNE DISPOSE DE RADARS... ALORS, QUE FAISAIENT VOS RADARISTES? N'ONT-ILS DONC PAS DÉTECTÉ LES AVIONS-PIRATES QUI NOUS SONT TOMBÉS DESSUS...
OR, MÊME APRÈS L'ATTAQUE, NOUS N'AVONS VU AUCUN DE VOS CHASSEURS... AUCUN! À CROIRE QUE VOUS NE DISPOSEZ D'AUCUN MOYEN DE DÉTECTION!
COLONEL, TOUTE CETTE AFFAIRE EST ANORMALE! À VOUS D'ENGAGER UNE ENQUÊTE IMMÉDIATE ET D'EXIGER UNE COUVERTURE RADAR EFFICACE ET PERMANENTE POUR NOS CONVOIS SUIVANTS...
OU NOS AVIONS SERONT PROTÉGÉS OU NOUS ARRÊTONS TOUTE L'ACTION DE RAVITAILLEMENT... NOS VOLS DE ROTATION, ENTRE LES ENTREPÔTS PORTUAIRES ET VOTRE BASE D'ACHEMINEMENT, SERONT NOMBREUX, ET CE GENRE D'AGRESSION PEUT SE RENOUVELER!
AUCUN TERRITOIRE N'EST À L'ABRI D'INCURSIONS ÉTRANGÈRES, MAJOR COOPER.
21

COLONEL, ARRANGEZ-VOUS POUR NOUS OBTENIR UN COULOIR AÉRIEN DANS LEQUEL NOUS SERONS LES SEULS À VOYAGER.
DANS LE CAS CONTRAIRE MES PILOTES OUVRIRONT LE FEU SUR TOUT AÉRONEF S'APPROCHANT DE NOTRE CONVOI. CLAIR?
JE TRANSMETS, MAJOR.
COMME ÇA, D'ACCORD! NOUS PARLONS LE MÊME LANGAGE, COOPER!
PRESQUE, HUNT. J'AI AGITÉ UN ÉPOUVANTAIL DEVANT LES RESPONSABLES, MAIS NOTRE RÔLE RESTE INCHANGÉ : PROTÉGER LE CONVOI SANS UTILISER NOS ARMES ... NOTRE PRÉSENCE DEVANT SUFFIRE. ET MAINTENANT, PRÉPARONS-NOUS À L'ATTERRISSAGE ... NOUS Y SOMMES!
LES SAAB DE HUNT ATTERRISSENT LES PREMIERS, TANDIS QUE DAN ET SES PILOTES TIENNENT L'AIR, EN FINALE, POUR SURVEILLER LES DC-3 QUI, L'UN APRÈS L'AUTRE, SE POSENT ...
22
DÈS L'ATTERRISSAGE, LE COMMANDANT DE LA BASE ET QUELQUES OFFICIERS S'EMPRESSENT POUR ACCUEILLIR LES CANADIENS, EN DÉPIT DES MENACES DE DAN.
MAJOR, J'AI DÉJÀ DONNÉ LES ORDRES NÉCESSAIRES. L'ENQUÊTE EST EN COURS... SI DES RADARISTES SONT RECONNUS COUPABLES DE NÉGLIGENCE ILS SERONT CHÂTIÉS D'UNE MANIÈRE EXEMPLAIRE.
À VOUS DE PRENDRE VOS RESPONSABILITÉS, COLONEL.
ILS ONT TOUT INTÉRÊT À GARDER LES YEUX OUVERTS VOS RADARISTES, CAR MES PILOTES CANARDERONT TOUT "ZINC" QUI N'AURA PAS ÉTÉ ANNONCÉ PAR VOS HOMMES DE VEILLE... BREF, SI UN INCONNU S'APPROCHE DU CONVOI : TACTACTAC!
HEM! LE MAJOR HUNT RÉSUME NOTRE ÉTAT D'ESPRIT D'UNE FAÇON IMAGÉE... NOUS ESPÉRONS ÉVITER D'EN ARRIVER À CETTE EXTRÉMITÉ.
D'AILLEURS, JE ME RÉPÈTE, JE VOUS L'AI DÉJÀ DIT.
CANADIENS, HEIN? AH, C'EST BIEN VRAI QU'IL NE FAUT PAS NOUS ÉCHAUFFER LES OREILLES!...

AH, PERMETTEZ-MOI DE VOUS PRÉSENTER LES ÉQUIPAGES DES HÉLICOPTÈRES. ILS TRANSPORTERONT VOTRE CHARGEMENT VERS LES ZONES SINISTRÉES DES HAUTS-PLATEAUX...
LOUIS CHAMPLAIN! CANADIEN COMME VOUS, MAJOR!... AH, Y A QUE DES MAUDITS COMME NOUS, POUR ÊTRE ASSEZ FOUS DE VENIR TRAVAILLER ICI, DANS DES CONDITIONS PAREILLES...
HÉ, HO!... TU NOUS OUBLIES, LE "CANUCK"*
AMÉRICAINS! WE ARE AMERICANS! ET POUR LES COUPS DURS, FAUT AUSSI COMPTER AVEC NOUS ET NOS "MECANOS"...
SÛREMENT QU'IL Y A AUSSI BEAUCOUP DE DOLLARS À GAGNER, PAS VRAI ?!...
HUNT!?... POUR L'AMOUR DU CIEL...
* CANUCK: SURNOM DONNÉ AUX CANADIENS.
CONTINUE! YOU'RE ON THE RIGHT TRACK, CANUCK! COME ON! ⊛
STOP! ÇA SUFFIT! LE MAJOR HUNT EST FATIGUÉ, TENDU ET IRRITABLE!... NOUS LE SOMMES TOUS APRÈS CE VOL... JE VOUS ASSURE QUE CE N'ÉTAIT PAS DU GÂTEAU!
DON'T BITE MY HEAD OFF! I COULD STAND A DRINK, BOYS *
?
⊛ CONTINUE! TU ES SUR LA BONNE VOIE, CANADIEN! AMÈNE-TOI!
* NE PRENEZ PAS LA MOUCHE! JE BOIRAIS BIEN UN VERRE, LES GARS.
?! COQUIN?! MAIS D'OÙ SORT-IL? JE L'AVAIS LAISSÉ AU CANADA?
EH BIEN, LA NUIT DE VOTRE ARRIVÉE, AU PORT D'EMBARQUEMENT, UN HERCULES VENANT DE BAGOTVILLE A ATTERRI... LE CAPITAINE JEAN MARLOTTE ÉTAIT DANS LA MACHINE AVEC VOTRE CHIEN... IL NOUS L'A REMIS EN DISANT QUE VOUS SERIEZ HEUREUX DE LE REVOIR ICI... NOUS AVONS VOULU VOUS RÉSERVER UNE SURPRISE ET NOUS L'AVONS EMMENÉ DANS NOTRE DAKOTA... VOILÀ!...
SACRÉ JEAN! C'EST BIEN LE COPAIN LE PLUS IMPRÉVISIBLE QUE JE CONNAISSE! VRAIMENT... SI JE M'ATTENDAIS À TE VOIR, TOI!?!...
AH, CE N'ÉTAIT PAS LE GENRE DE "PROMENADE" DANS LAQUELLE JE VOULAIS T'EMMENER... MAIS, PUISQUE TE VOICI...
ALLONS! J'ESPÈRE QUE CE SERA UNE MASCOTTE PORTE-CHANCE!
23

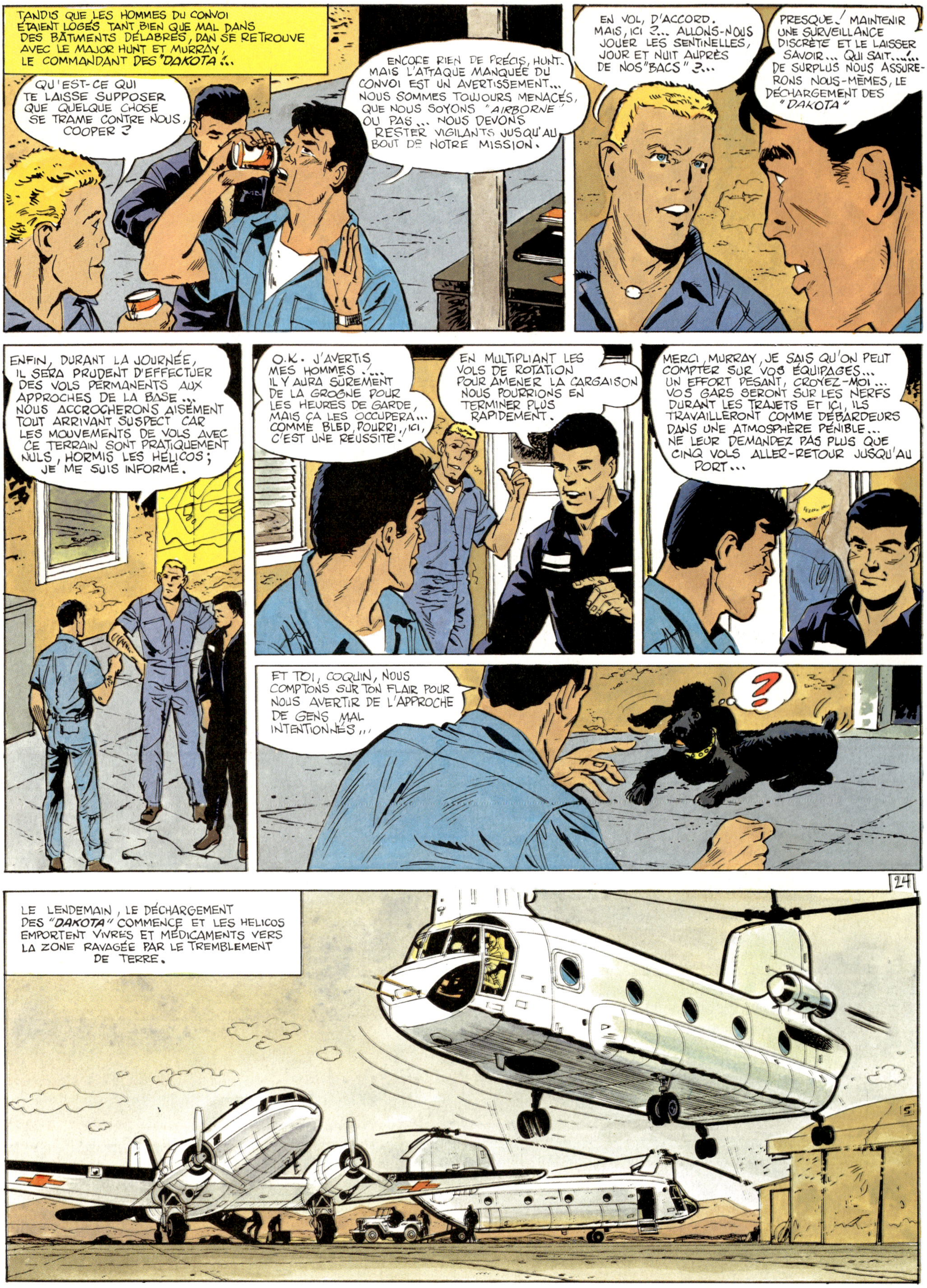
TANDIS QUE LES HOMMES DU CONVOI ÉTAIENT LOGÉS TANT BIEN QUE MAL DANS DES BÂTIMENTS DÉLABRÉS, DAN SE RETROUVE AVEC LE MAJOR HUNT ET MURRAY, LE COMMANDANT DES "DAKOTA"...
QU'EST-CE QUI TE LAISSE SUPPOSER QUE QUELQUE CHOSE SE TRAME CONTRE NOUS, COOPER ?
ENCORE RIEN DE PRÉCIS, HUNT. MAIS L'ATTAQUE MANQUÉE DU CONVOI EST UN AVERTISSEMENT... NOUS SOMMES TOUJOURS MENACÉS, QUE NOUS SOYONS "AIRBORNE" OU PAS... NOUS DEVONS RESTER VIGILANTS JUSQU'AU BOUT DE NOTRE MISSION.
EN VOL, D'ACCORD. MAIS, ICI ?... ALLONS-NOUS JOUER LES SENTINELLES, JOUR ET NUIT AUPRÈS DE NOS "BACS" ?...
PRESQUE ! MAINTENIR UNE SURVEILLANCE DISCRÈTE ET LE LAISSER SAVOIR... QUI SAIT...? DE SURPLUS NOUS ASSURERONS NOUS-MÊMES, LE DÉCHARGEMENT DES "DAKOTA"
ENFIN, DURANT LA JOURNÉE, IL SERA PRUDENT D'EFFECTUER DES VOLS PERMANENTS AUX APPROCHES DE LA BASE... NOUS ACCROCHERONS AISÉMENT TOUT ARRIVANT SUSPECT CAR LES MOUVEMENTS DE VOLS AVEC CE TERRAIN SONT PRATIQUEMENT NULS, HORMIS LES HÉLICOS ; JE ME SUIS INFORMÉ.
O.K. J'AVERTIS MES HOMMES !... IL Y AURA SÛREMENT DE LA GROGNE POUR LES HEURES DE GARDE, MAIS ÇA LES OCCUPERA... COMME BLED POURRI, ICI, C'EST UNE RÉUSSITE !
EN MULTIPLIANT LES VOLS DE ROTATION POUR AMENER LA CARGAISON NOUS POURRIONS EN TERMINER PLUS RAPIDEMENT.
MERCI, MURRAY, JE SAIS QU'ON PEUT COMPTER SUR VOS ÉQUIPAGES... UN EFFORT PESANT, CROYEZ-MOI... VOS GARS SERONT SUR LES NERFS DURANT LES TRAJETS ET ICI, ILS TRAVAILLERONT COMME DÉBARDEURS DANS UNE ATMOSPHÈRE PÉNIBLE... NE LEUR DEMANDEZ PAS PLUS QUE CINQ VOLS ALLER-RETOUR JUSQU'AU PORT...
ET TOI, COQUIN, NOUS COMPTONS SUR TON FLAIR POUR NOUS AVERTIR DE L'APPROCHE DE GENS MAL INTENTIONNÉS...
?
24
LE LENDEMAIN, LE DÉCHARGEMENT DES "DAKOTA" COMMENCE ET LES HÉLICOS EMPORTENT VIVRES ET MÉDICAMENTS VERS LA ZONE RAVAGÉE PAR LE TREMBLEMENT DE TERRE.

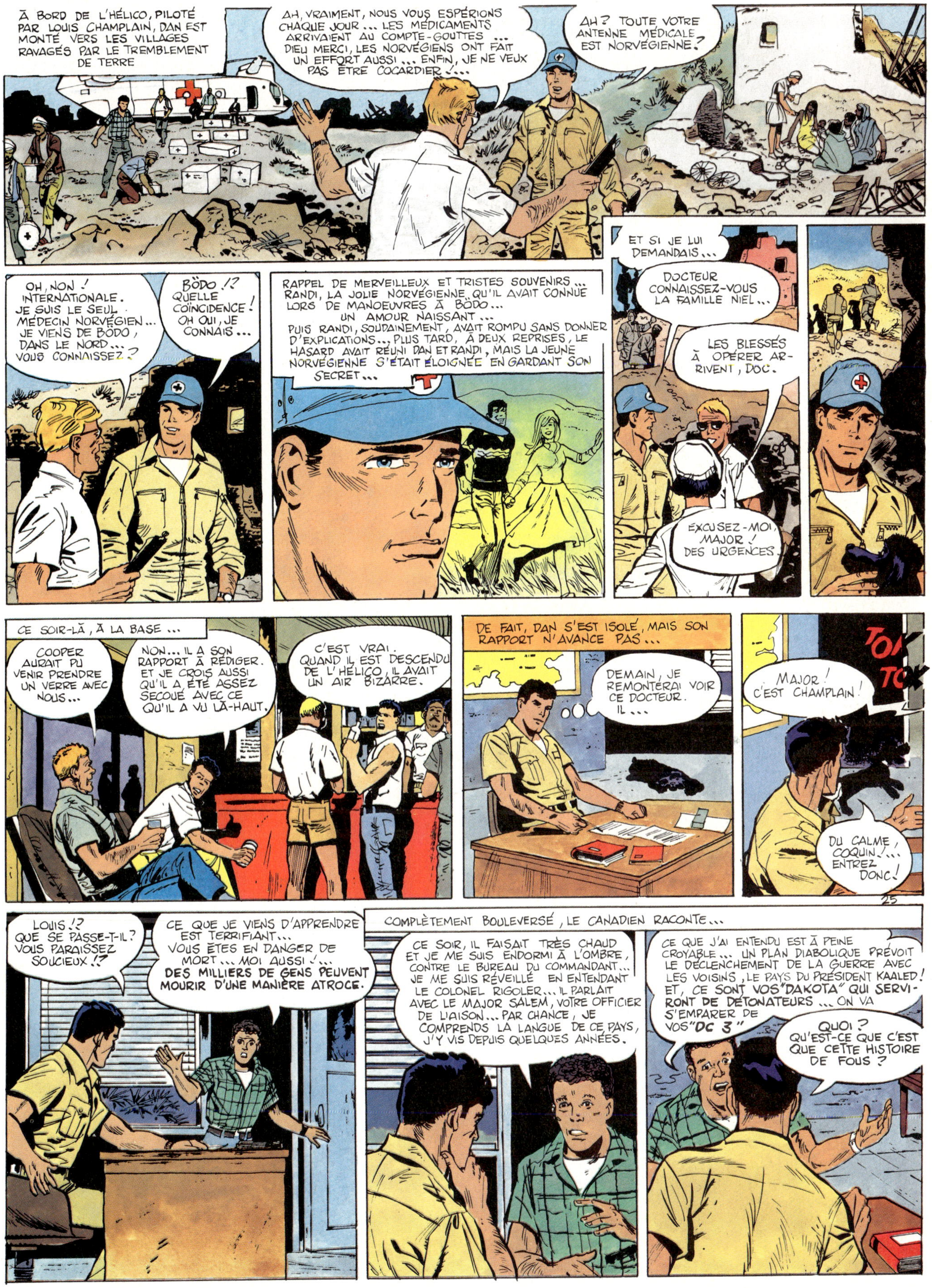

À BORD DE L'HÉLICO, PILOTÉ PAR LOUIS CHAMPLAIN, DAN EST MONTÉ VERS LES VILLAGES RAVAGÉS PAR LE TREMBLEMENT DE TERRE
AH, VRAIMENT, NOUS VOUS ESPÉRIONS CHAQUE JOUR... LES MÉDICAMENTS ARRIVAIENT AU COMPTE-GOUTTES... DIEU MERCI, LES NORVÉGIENS ONT FAIT UN EFFORT AUSSI... ENFIN, JE NE VEUX PAS ÊTRE COCARDIER !...
AH ? TOUTE VOTRE ANTENNE MÉDICALE EST NORVÉGIENNE ?
OH, NON ! INTERNATIONALE. JE SUIS LE SEUL MÉDECIN NORVÉGIEN... JE VIENS DE BÖDO, DANS LE NORD... VOUS CONNAISSEZ ?
BÖDO !? QUELLE COÏNCIDENCE ! OH OUI, JE CONNAIS...
RAPPEL DE MERVEILLEUX ET TRISTES SOUVENIRS... RANDI, LA JOLIE NORVÉGIENNE QU'IL AVAIT CONNUE LORS DE MANOEUVRES À BÖDO... UN AMOUR NAISSANT... PUIS RANDI, SOUDAINEMENT, AVAIT ROMPU SANS DONNER D'EXPLICATIONS... PLUS TARD, À DEUX REPRISES, LE HASARD AVAIT RÉUNI DAN ET RANDI, MAIS LA JEUNE NORVÉGIENNE S'ÉTAIT ÉLOIGNÉE EN GARDANT SON SECRET...
ET SI JE LUI DEMANDAIS...
DOCTEUR CONNAISSEZ-VOUS LA FAMILLE NIEL...
LES BLESSÉS À OPÉRER ARRIVENT, DOC.
EXCUSEZ-MOI MAJOR ! DES URGENCES
CE SOIR-LÀ, À LA BASE...
COOPER AURAIT PU VENIR PRENDRE UN VERRE AVEC NOUS...
NON... IL A SON RAPPORT À RÉDIGER. ET JE CROIS AUSSI QU'IL A ÉTÉ ASSEZ SECOUÉ AVEC CE QU'IL A VU LÀ-HAUT.
C'EST VRAI. QUAND IL EST DESCENDU DE L'HÉLICO, IL AVAIT UN AIR BIZARRE.
DE FAIT, DAN S'EST ISOLÉ, MAIS SON RAPPORT N'AVANCE PAS...
DEMAIN, JE REMONTERAI VOIR CE DOCTEUR. IL...
TOK TOK
MAJOR ! C'EST CHAMPLAIN !
DU CALME, COQUIN !... ENTREZ DONC !
LOUIS !? QUE SE PASSE-T-IL ? VOUS PARAISSEZ SOUCIEUX !?
CE QUE JE VIENS D'APPRENDRE EST TERRIFIANT... VOUS ÊTES EN DANGER DE MORT... MOI AUSSI !... **DES MILLIERS DE GENS PEUVENT MOURIR D'UNE MANIÈRE ATROCE.**
COMPLÈTEMENT BOULEVERSÉ, LE CANADIEN RACONTE...
CE SOIR, IL FAISAIT TRÈS CHAUD ET JE ME SUIS ENDORMI À L'OMBRE, CONTRE LE BUREAU DU COMMANDANT... JE ME SUIS RÉVEILLÉ EN ENTENDANT LE COLONEL RIGOLER... IL PARLAIT AVEC LE MAJOR SALEM, VOTRE OFFICIER DE LIAISON... PAR CHANCE, JE COMPRENDS LA LANGUE DE CE PAYS, J'Y VIS DEPUIS QUELQUES ANNÉES.
CE QUE J'AI ENTENDU EST À PEINE CROYABLE... UN PLAN DIABOLIQUE PRÉVOIT LE DÉCLENCHEMENT DE LA GUERRE AVEC LES VOISINS, LE PAYS DU PRÉSIDENT KAALED ! ET, CE SONT VOS "DAKOTA" QUI SERVIRONT DE DÉTONATEURS... ON VA S'EMPARER DE VOS "DC 3"
QUOI ? QU'EST-CE QUE C'EST QUE CETTE HISTOIRE DE FOUS ?

C'EST HÉLAS VRAI ET L'OPÉRATION DEVRAIT SE DÉCLENCHER DANS LES PROCHAINS JOURS... LES ÉQUIPAGES DES "DAKOTA" SERAIENT NEUTRALISÉS ET NOUS LES REMPLACERIONS... OUI, NOUS, QUI AVONS ÉTÉ ENGAGÉS POUR PILOTER LES HÉLICOS...
NOTRE DESTINATION SERAIT LE PAYS VOISIN. OFFICIELLEMENT NOUS Y APPORTERIONS DES MÉDICAMENTS OFFERTS PAR LA CROIX-ROUGE... UN ENVOI SOI-DISANT LIBÉRÉ PAR LE COMMANDANT DE CETTE BASE... EN APPARENCE, UN ACTE DE BONNE VOLONTÉ...
EN FAIT, DES "CONTAINERS" D'ARMES CHIMIQUES SERAIENT DISSIMULÉS À BORD... ILS SERAIENT DESTINÉS À DÉTRUIRE TOTALEMENT LES TROIS BASES AÉRIENNES DE "L'ENNEMI"...
VOYONS, C'EST DÉMENT CETTE HISTOIRE! JAMAIS VOUS N'ARRIVEREZ JUSQUE LÀ !...
LES "DAKOTA", LENTS, PEINTS EN BLANC, BIEN VISIBLES, SERONT INTERCEPTÉS SANS PROBLÈME ET SERONT OBLIGÉS DE SE POSER SUR UNE DE CES TROIS BASES, OÙ...
?!
BON SANG ! JE COMPRENDS ! C'EST EXACTEMENT CE QUE VEUT CELUI QUI A MIS AU POINT CE PLAN...
C'EST PIRE, MAJOR ! LES 3 DAKOTA NE VOLERONT PAS ENSEMBLE, MAIS SÉPARÉS, CHACUN METTANT LE CAP SUR UNE BASE DIFFÉRENTE... VOUS COMPRENEZ ?!
AINSI CHAQUE DAKOTA ATTEINDRA SON OBJECTIF...
OUI, ET IL Y EXPLOSERA EN SURVOLANT LE TERRAIN PARCE QUE, À NOTRE INSU, UNE BOMBE À RETARDEMENT AURA ÉTÉ PLACÉE À BORD DE CHACUNE DE NOS MACHINES...
TERRIFIANT! TOUT LE CHARGEMENT D'ARMES CHIMIQUES SE RÉPANDRA DANS L'ATMOSPHÈRE! TOUT CE QUI VIT SERA ANÉANTI... TOUTE LA RÉGION SERA CONTAMINÉE Y COMPRIS LE MATÉRIEL DES BASES MILITAIRES... LES AVIONS SERONT RENDUS INUTILISABLES...
DIABOLIQUEMENT ASTUCIEUX... LA DÉFENSE AÉRIENNE N'EXISTERA PLUS DANS CE PAYS ET LES "JET" D'ICI SERONT LES MAÎTRES DU CIEL... QUI EST DERRIÈRE CE COUP, VOUS LE SAVEZ?
LE GÉNÉRAL GOMBLOU... C'EST LUI QUI MONTE LES OPÉRATIONS SECRÈTES... IL DISPOSE D'UNE BASE D'HOMMES, DE MATÉRIEL, D'AVIONS ET IL AGIT À SA GUISE !...
MAINTENANT, JE SAIS D'OÙ VENAIENT LES INTERCEPTEURS QUI ONT TENTÉ DE DÉTOURNER NOS "DAKOTA"... ET JE SUIS PERSUADÉ QUE CE DAMNÉ GOMBLOU PRÉSENTERA L'ATTAQUE DE CES 3 BASES COMME UNE OPÉRATION PRÉVENTIVE
DÉDUCTION PARFAITE, MAJOR. IL PRÉTENDRA QUE DES ARMES CHIMIQUES ÉTAIENT ENTREPOSÉES SUR CES BASES ENNEMIES DANS L'ATTENTE D'UNE ATTAQUE-SURPRISE CONTRE SON PAYS.
EH BIEN, IL N'A PAS ENCORE RÉUSSI CE GOMBLOU... OÙ SONT CES "CONTAINERS" ?
ICI !... DANS UN HANGAR NON-GARDÉ AFIN DE NE PAS ATTIRER L'ATTENTION. ILS RESSEMBLENT À DES TONNELETS CONTENANT DES DÉSINFECTANTS À PULVÉRISER...
TRÈS BIEN, LOUIS ! OBJECTIF PREMIER: ÉLIMINER CES POUBELLES... DE VOTRE CÔTÉ, ALERTEZ DISCRÈTEMENT VOS COPAINS !...

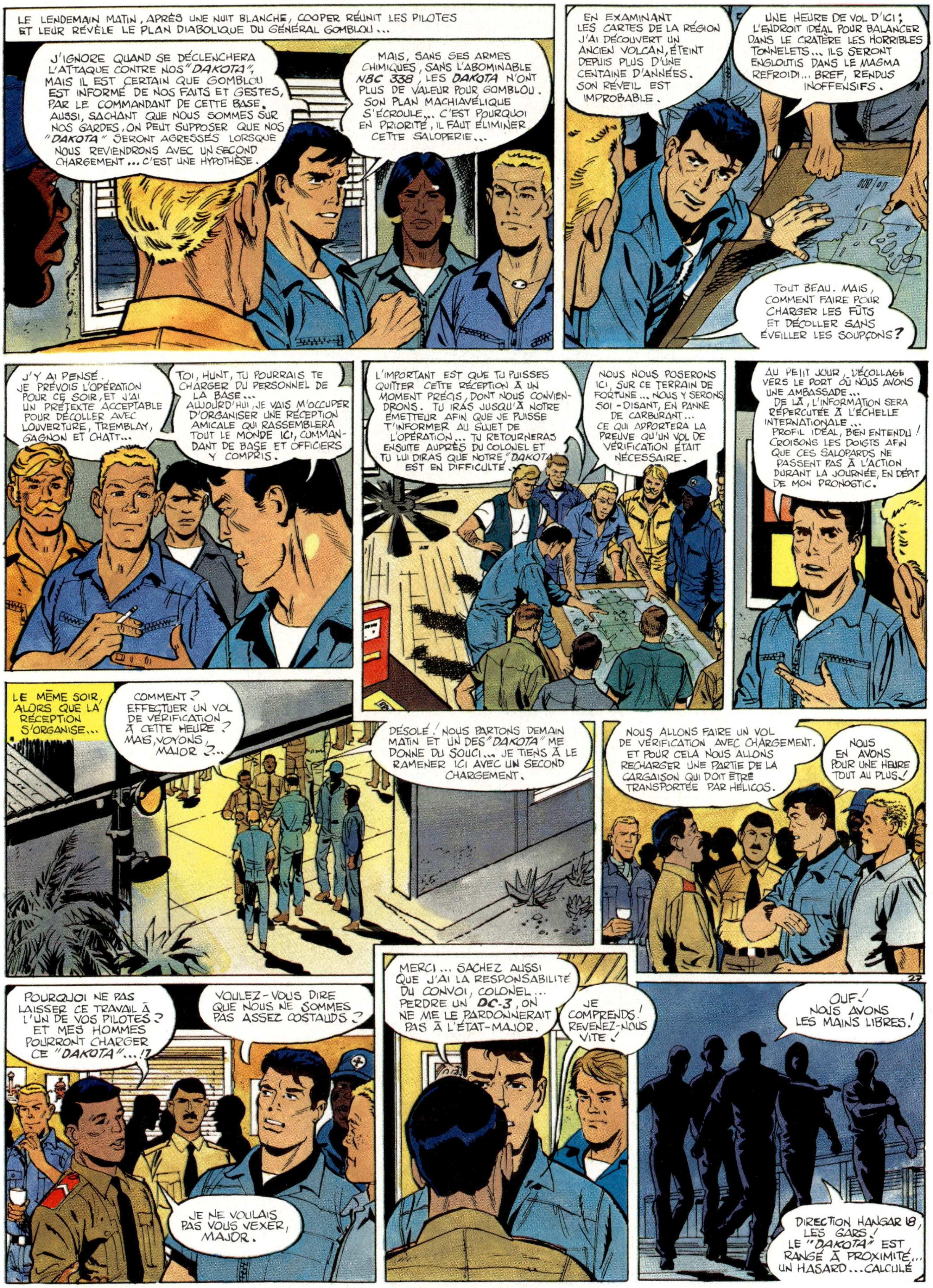
LE LENDEMAIN MATIN, APRÈS UNE NUIT BLANCHE, COOPER RÉUNIT LES PILOTES ET LEUR RÉVÈLE LE PLAN DIABOLIQUE DU GÉNÉRAL GOMBLOU...
J'IGNORE QUAND SE DÉCLENCHERA L'ATTAQUE CONTRE NOS "DAKOTA", MAIS IL EST CERTAIN QUE GOMBLOU EST INFORMÉ DE NOS FAITS ET GESTES, PAR LE COMMANDANT DE CETTE BASE. AUSSI, SACHANT QUE NOUS SOMMES SUR NOS GARDES, ON PEUT SUPPOSER QUE NOS "DAKOTA" SERONT AGRESSÉS LORSQUE NOUS REVIENDRONS AVEC UN SECOND CHARGEMENT... C'EST UNE HYPOTHÈSE.
MAIS, SANS SES ARMES CHIMIQUES, SANS L'ABOMINABLE NBC 338, LES DAKOTA N'ONT PLUS DE VALEUR POUR GOMBLOU. SON PLAN MACHIAVÉLIQUE S'ÉCROULE... C'EST POURQUOI EN PRIORITÉ, IL FAUT ÉLIMINER CETTE SALOPERIE...
EN EXAMINANT LES CARTES DE LA RÉGION J'AI DÉCOUVERT UN ANCIEN VOLCAN, ÉTEINT DEPUIS PLUS D'UNE CENTAINE D'ANNÉES. SON RÉVEIL EST IMPROBABLE.
UNE HEURE DE VOL D'ICI; L'ENDROIT IDÉAL POUR BALANCER DANS LE CRATÈRE LES HORRIBLES TONNELETS... ILS SERONT ENGLOUTIS DANS LE MAGMA REFROIDI... BREF, RENDUS INOFFENSIFS.
TOUT BEAU. MAIS, COMMENT FAIRE POUR CHARGER LES FÛTS ET DÉCOLLER SANS ÉVEILLER LES SOUPÇONS?
J'Y AI PENSÉ. JE PRÉVOIS L'OPÉRATION POUR CE SOIR, ET J'AI UN PRÉTEXTE ACCEPTABLE POUR DÉCOLLER AVEC LOUVERTURE, TREMBLAY, GAGNON ET CHATT...
TOI, HUNT, TU POURRAIS TE CHARGER DU PERSONNEL DE LA BASE... AUJOURD'HUI, JE VAIS M'OCCUPER D'ORGANISER UNE RÉCEPTION AMICALE QUI RASSEMBLERA TOUT LE MONDE ICI, COMMANDANT DE BASE ET OFFICIERS Y COMPRIS.
L'IMPORTANT EST QUE TU PUISSES QUITTER CETTE RÉCEPTION À UN MOMENT PRÉCIS, DONT NOUS CONVIENDRONS. TU IRAS JUSQU'À NOTRE ÉMETTEUR AFIN QUE JE PUISSE T'INFORMER AU SUJET DE L'OPÉRATION... TU RETOURNERAS ENSUITE AUPRÈS DU COLONEL ET TU LUI DIRAS QUE NOTRE "DAKOTA" EST EN DIFFICULTÉ.
NOUS NOUS POSERONS ICI, SUR CE TERRAIN DE FORTUNE... NOUS Y SERONS SOI-DISANT, EN PANNE DE CARBURANT... CE QUI APPORTERA LA PREUVE QU'UN VOL DE VÉRIFICATION ÉTAIT NÉCESSAIRE.
AU PETIT JOUR, DÉCOLLAGE VERS LE PORT OÙ NOUS AVONS UNE AMBASSADE... DE LÀ, L'INFORMATION SERA RÉPERCUTÉE À L'ÉCHELLE INTERNATIONALE... PROFIL IDÉAL, BIEN ENTENDU! CROISONS LES DOIGTS AFIN QUE CES SALOPARDS NE PASSENT PAS À L'ACTION DURANT LA JOURNÉE, EN DÉPIT DE MON PRONOSTIC.
LE MÊME SOIR, ALORS QUE LA RÉCEPTION S'ORGANISE...
COMMENT? EFFECTUER UN VOL DE VÉRIFICATION À CETTE HEURE? MAIS, VOYONS, MAJOR?...
DÉSOLÉ! NOUS PARTONS DEMAIN MATIN ET UN DES "DAKOTA" ME DONNE DU SOUCI... JE TIENS À LE RAMENER ICI AVEC UN SECOND CHARGEMENT.
NOUS ALLONS FAIRE UN VOL DE VÉRIFICATION AVEC CHARGEMENT. ET POUR CELA NOUS ALLONS RECHARGER UNE PARTIE DE LA CARGAISON QUI DOIT ÊTRE TRANSPORTÉE PAR HÉLICOS.
NOUS EN AVONS POUR UNE HEURE TOUT AU PLUS!
POURQUOI NE PAS LAISSER CE TRAVAIL À L'UN DE VOS PILOTES? ET MES HOMMES POURRONT CHARGER CE "DAKOTA"...!?
VOULEZ-VOUS DIRE QUE NOUS NE SOMMES PAS ASSEZ COSTAUDS?
JE NE VOULAIS PAS VOUS VEXER, MAJOR.
MERCI... SACHEZ AUSSI QUE J'AI LA RESPONSABILITÉ DU CONVOI, COLONEL... PERDRE UN DC-3, ON NE ME LE PARDONNERAIT PAS À L'ÉTAT-MAJOR.
JE COMPRENDS! REVENEZ-NOUS VITE!
OUF! NOUS AVONS LES MAINS LIBRES!
DIRECTION HANGAR 18, LES GARS! LE "DAKOTA" EST RANGÉ À PROXIMITÉ... UN HASARD... CALCULÉ.

TANDIS QUE DAN ET SES PILOTES S'ÉLOIGNENT HUNT ET TOUS LES CANADIENS RESTANTS S'INGÉNIENT À "CAPTIVER" LEURS INVITÉS...
COOPER EN A POUR 30 MINUTES AVANT DE POUVOIR DÉCOLLER !... APRÈS, SI CES RIGOLOS VEULENT PRENDRE L'AIR, LE DANGER SE SERA ENVOLÉ, DANS TOUS LES SENS DU TERME...
EN TOUTE HÂTE, DAN ET SES HOMMES SE SONT RENDUS, NON PAS AU DÉPÔT DE LA CROIX-ROUGE, MAIS BIEN AU HANGAR OÙ SONT ENTREPOSÉS LES PETITS BARILS CONTENANT LES ARMES CHIMIQUES. ET LE CHARGEMENT S'EFFECTUE SANS TARDER...
IL RESTE ENCORE TOUS LES TONNELETS DE CETTE RANGÉE, LOUVERTURE !... LES AUTRES SONT INOFFENSIFS...
J'ESPÈRE QU'ILS SONT BIEN HERMÉTIQUES, HEIN, DAN ?... J'AURAIS MIEUX FAIT D'ENFILER DES GANTS POUR MANIPULER CES HORREURS... POUAH !...
VLN
AUCUN DANGER ! LA SALOPERIE EST PLACÉE AU CENTRE, PROTÉGÉE PAR UNE MINCE PAROI DE PLOMB. CETTE ENVELOPPE EST SUFFISANTE POUR RÉSISTER AUX MANIPULATIONS DU TONNELET.
PAS DE PANIQUE !
AH, BON ! TU ME TRANQUILLISES.
MOI, JE LE SERAI LORSQUE CETTE ABOMINATION SERA ENFOUIE PROFONDÉMENT DANS CE VOLCAN ENDORMI.
DAN IGNORE QU'À CETTE MÊME HEURE LE GÉNÉRAL GOMBLOU EST PASSÉ À L'ACTION...
OUI, MESSIEURS, CETTE NUIT-MÊME, TOUT SERA RÉGLÉ
LES CANADIENS SERONT ARRÊTÉS ET LES DAKOTA SERONT À NOUS.
JE LES FERAI IMMÉDIATEMENT REMPLIR DE NBC 338 ET LES PILOTES MERCENAIRES POURRONT DÉCOLLER À L'AUBE !...
LA SUITE, VOUS LA CONNAISSEZ !
C'EST UN LOURD BIMOTEUR FAISANT ROUTE VERS LA BASE NORD QUI REND LE GÉNÉRAL GOMBLOU AUSSI SÛR DE SON SUCCÈS. ASSIS DANS LA CARLINGUE, UNE UNITÉ DE PARACHUTISTES APPREND LE VÉRITABLE BUT DE SA TOUTE PROCHE INTERVENTION.
ET JE TERMINE EN VOUS RAPPELANT VOTRE SERMENT ! CETTE OPÉRATION SERA GARDÉE SECRÈTE... TOTALEMENT ! CELUI QUI FAILLIRAIT À SA PAROLE SERAIT DÉFÉRÉ DEVANT UNE COMMISSION MILITAIRE SPÉCIALE.

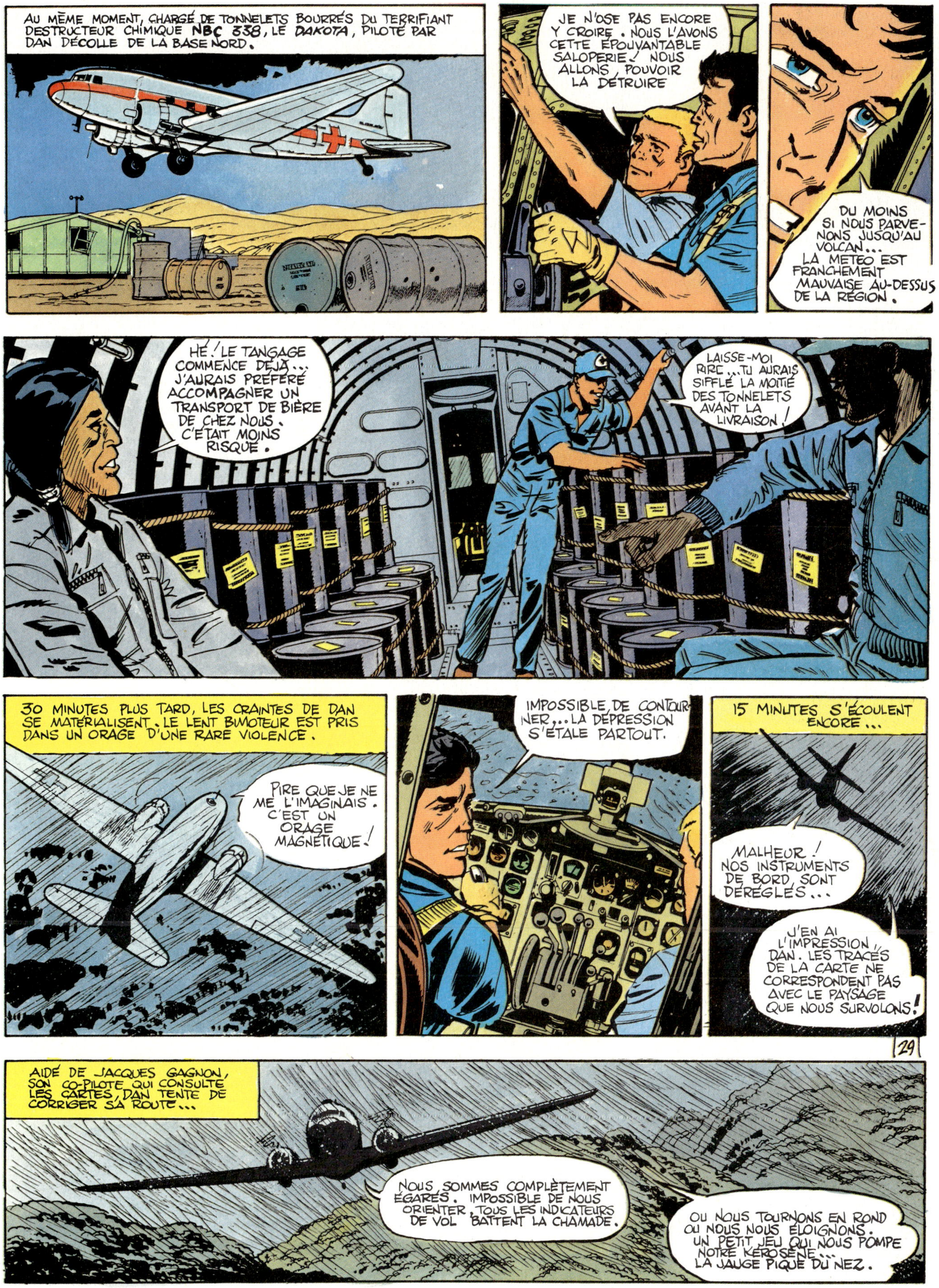
AU MÊME MOMENT, CHARGÉ DE TONNELETS BOURRÉS DU TERRIFIANT DESTRUCTEUR CHIMIQUE NBC 338, LE DAKOTA, PILOTÉ PAR DAN DÉCOLLE DE LA BASE NORD.
JE N'OSE PAS ENCORE Y CROIRE. NOUS L'AVONS CETTE ÉPOUVANTABLE SALOPERIE! NOUS ALLONS POUVOIR LA DÉTRUIRE
DU MOINS SI NOUS PARVENONS JUSQU'AU VOLCAN... LA MÉTÉO EST FRANCHEMENT MAUVAISE AU-DESSUS DE LA RÉGION.
HÉ! LE TANGAGE COMMENCE DÉJÀ... J'AURAIS PRÉFÉRÉ ACCOMPAGNER UN TRANSPORT DE BIÈRE DE CHEZ NOUS. C'ÉTAIT MOINS RISQUÉ.
LAISSE-MOI RIRE... TU AURAIS SIFFLÉ LA MOITIÉ DES TONNELETS AVANT LA LIVRAISON!
30 MINUTES PLUS TARD, LES CRAINTES DE DAN SE MATÉRIALISENT. LE LENT BIMOTEUR EST PRIS DANS UN ORAGE D'UNE RARE VIOLENCE.
PIRE QUE JE NE ME L'IMAGINAIS. C'EST UN ORAGE MAGNÉTIQUE!
IMPOSSIBLE DE CONTOURNER... LA DÉPRESSION S'ÉTALE PARTOUT.
15 MINUTES S'ÉCOULENT ENCORE...
MALHEUR! NOS INSTRUMENTS DE BORD SONT DÉRÉGLÉS...
J'EN AI L'IMPRESSION, DAN. LES TRACÉS DE LA CARTE NE CORRESPONDENT PAS AVEC LE PAYSAGE QUE NOUS SURVOLONS!
29
AIDÉ DE JACQUES GAGNON, SON CO-PILOTE QUI CONSULTE LES CARTES, DAN TENTE DE CORRIGER SA ROUTE...
NOUS SOMMES COMPLÈTEMENT ÉGARÉS. IMPOSSIBLE DE NOUS ORIENTER, TOUS LES INDICATEURS DE VOL BATTENT LA CHAMADE.
OU NOUS TOURNONS EN ROND OU NOUS NOUS ÉLOIGNONS. UN PETIT JEU QUI NOUS POMPE NOTRE KÉROSÈNE... LA JAUGE PIQUE DU NEZ.

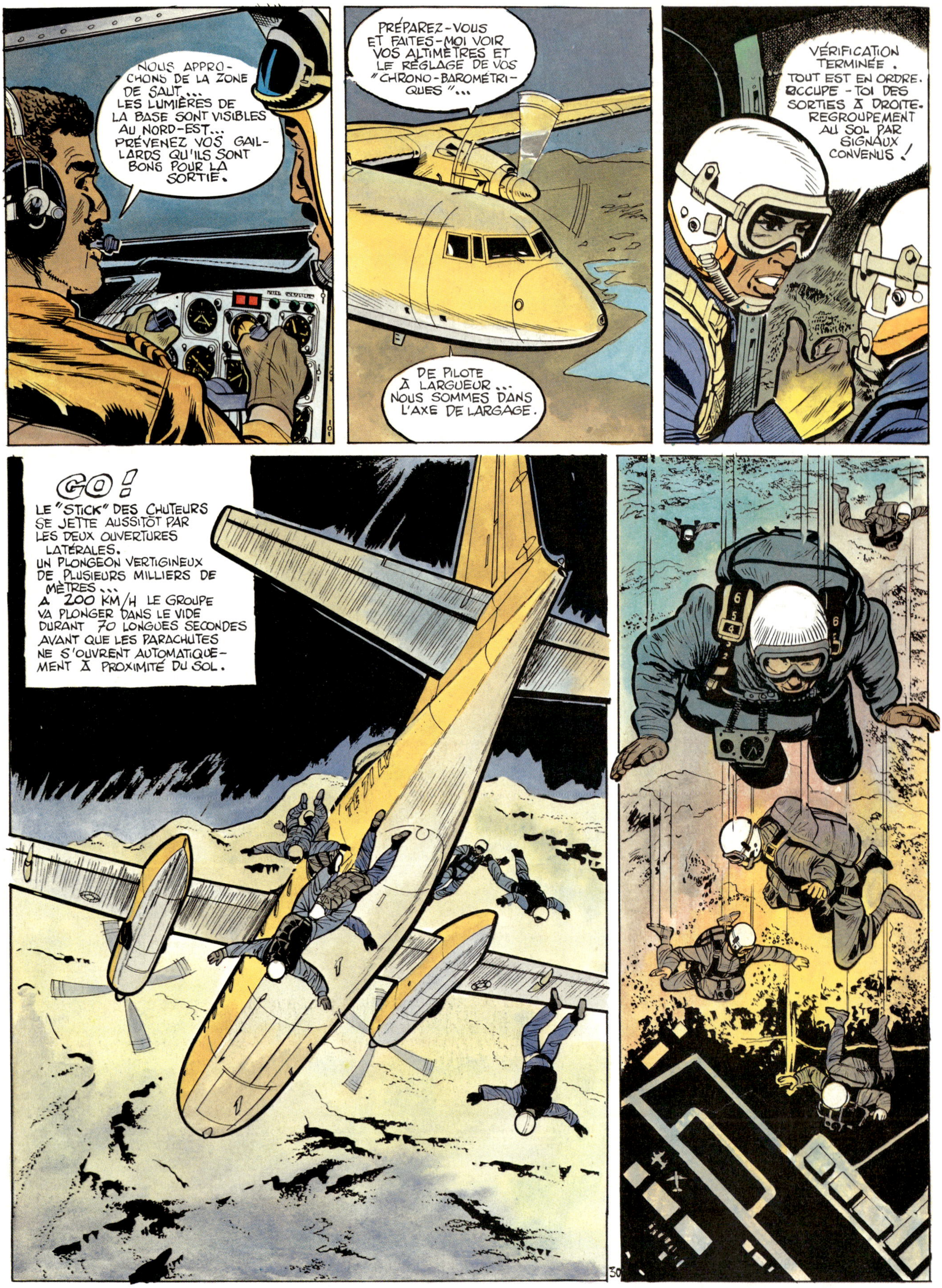
NOUS APPROCHONS DE LA ZONE DE SAUT... LES LUMIÈRES DE LA BASE SONT VISIBLES AU NORD-EST... PRÉVENEZ VOS GAILLARDS QU'ILS SONT BONS POUR LA SORTIE.
PRÉPAREZ-VOUS ET FAITES-MOI VOIR VOS ALTIMÈTRES ET LE RÉGLAGE DE VOS "CHRONO-BAROMÉTRIQUES"...
DE PILOTE À LARGUEUR... NOUS SOMMES DANS L'AXE DE LARGAGE.
VÉRIFICATION TERMINÉE. TOUT EST EN ORDRE. OCCUPE-TOI DES SORTIES À DROITE. REGROUPEMENT AU SOL PAR SIGNAUX CONVENUS !
GO !
LE "STICK" DES CHUTEURS SE JETTE AUSSITÔT PAR LES DEUX OUVERTURES LATÉRALES. UN PLONGEON VERTIGINEUX DE PLUSIEURS MILLIERS DE MÈTRES... À 200 KM/H LE GROUPE VA PLONGER DANS LE VIDE DURANT 70 LONGUES SECONDES AVANT QUE LES PARACHUTES NE S'OUVRENT AUTOMATIQUEMENT À PROXIMITÉ DU SOL.

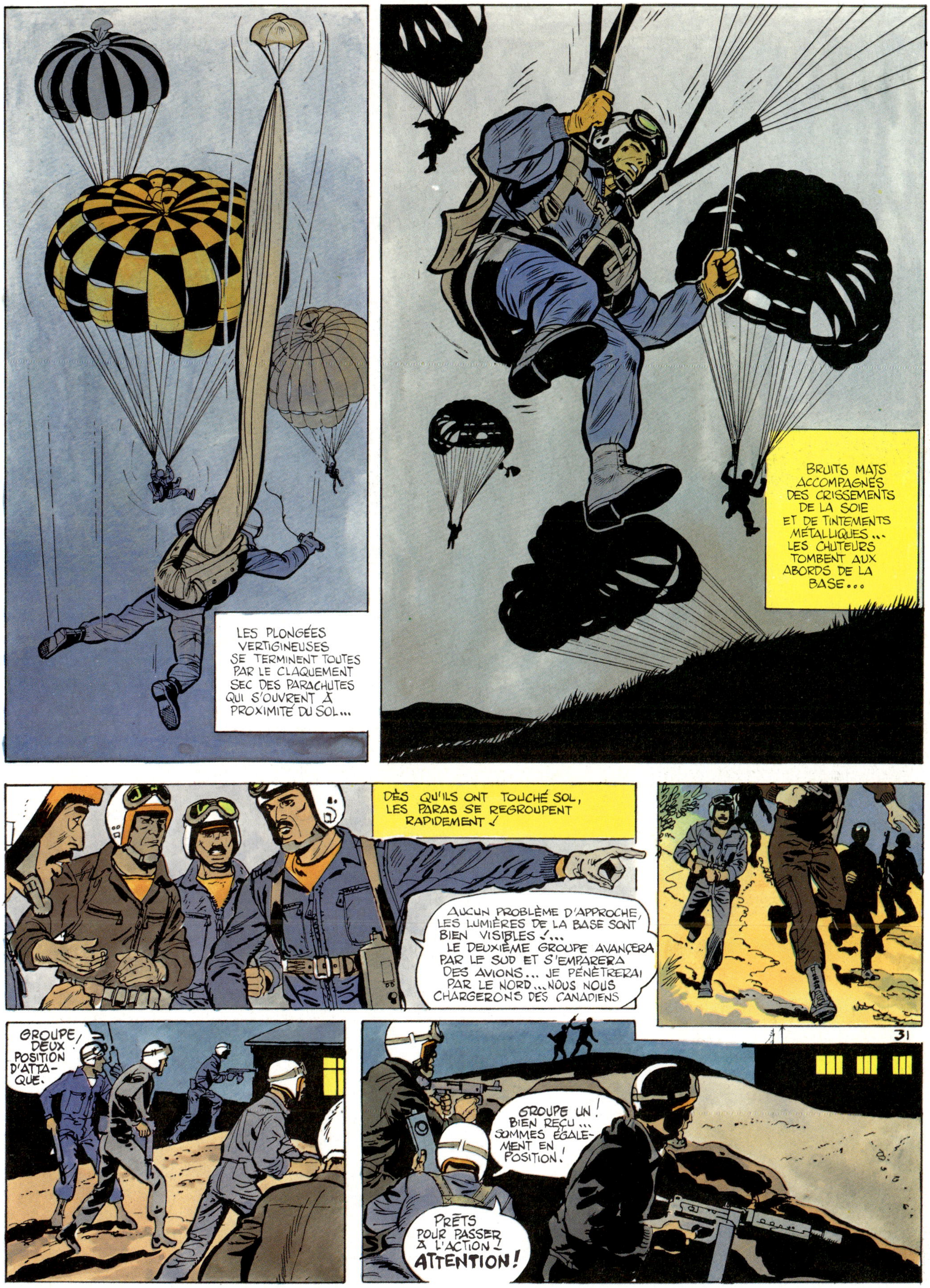
LES PLONGÉES VERTIGINEUSES SE TERMINENT TOUTES PAR LE CLAQUEMENT SEC DES PARACHUTES QUI S'OUVRENT À PROXIMITÉ DU SOL...
BRUITS MATS ACCOMPAGNÉS DES CRISSEMENTS DE LA SOIE ET DE TINTEMENTS MÉTALLIQUES... LES CHUTEURS TOMBENT AUX ABORDS DE LA BASE...
DÈS QU'ILS ONT TOUCHÉ SOL, LES PARAS SE REGROUPENT RAPIDEMENT !
AUCUN PROBLÈME D'APPROCHE, LES LUMIÈRES DE LA BASE SONT BIEN VISIBLES !... LE DEUXIÈME GROUPE AVANÇERA PAR LE SUD ET S'EMPARERA DES AVIONS... JE PÉNÈTRERAI PAR LE NORD... NOUS NOUS CHARGERONS DES CANADIENS
GROUPE DEUX ! POSITION D'ATTAQUE.
31
GROUPE UN ! BIEN REÇU... SOMMES ÉGALEMENT EN POSITION !
PRÊTS POUR PASSER À L'ACTION ! ATTENTION !

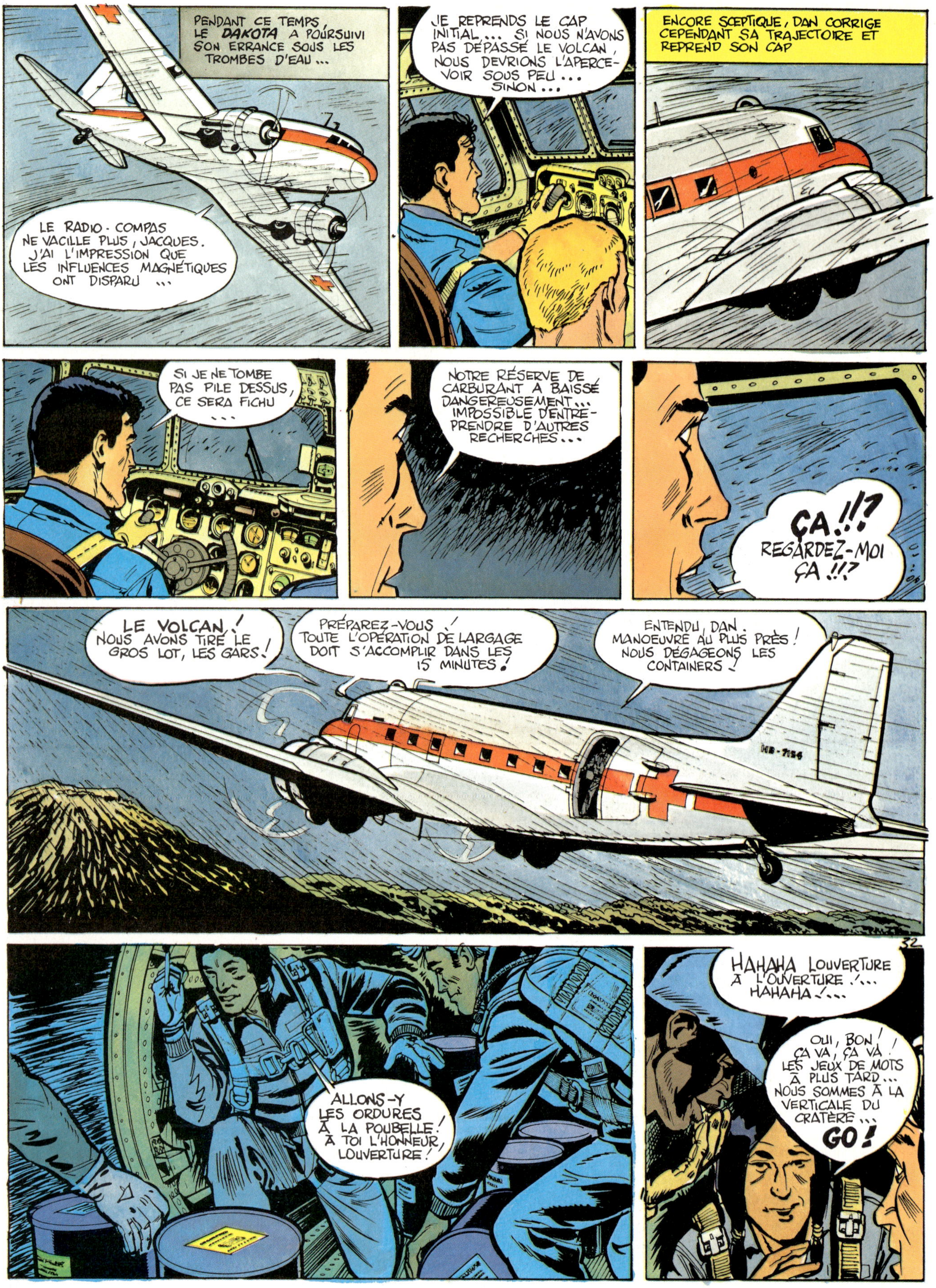
PENDANT CE TEMPS, LE DAKOTA A POURSUIVI SON ERRANCE SOUS LES TROMBES D'EAU...
LE RADIO-COMPAS NE VACILLE PLUS, JACQUES. J'AI L'IMPRESSION QUE LES INFLUENCES MAGNÉTIQUES ONT DISPARU ...
JE REPRENDS LE CAP INITIAL... SI NOUS N'AVONS PAS DÉPASSÉ LE VOLCAN, NOUS DEVRIONS L'APERCEVOIR SOUS PEU... SINON...
ENCORE SCEPTIQUE, DAN CORRIGE CEPENDANT SA TRAJECTOIRE ET REPREND SON CAP
SI JE NE TOMBE PAS PILE DESSUS, CE SERA FICHU ...
NOTRE RÉSERVE DE CARBURANT A BAISSÉ DANGEREUSEMENT... IMPOSSIBLE D'ENTREPRENDRE D'AUTRES RECHERCHES...
ÇA !!? REGARDEZ-MOI ÇA !!?
LE VOLCAN ! NOUS AVONS TIRÉ LE GROS LOT, LES GARS !
PRÉPAREZ-VOUS ! TOUTE L'OPÉRATION DE LARGAGE DOIT S'ACCOMPLIR DANS LES 15 MINUTES !
ENTENDU, DAN. MANOEUVRE AU PLUS PRÈS ! NOUS DÉGAGEONS LES CONTAINERS !
HB-7134
ALLONS-Y LES ORDURES À LA POUBELLE ! À TOI L'HONNEUR, LOUVERTURE !
HAHAHA LOUVERTURE À L'OUVERTURE !... HAHAHA !...
OUI, BON ! ÇA VA, ÇA VA ! LES JEUX DE MOTS À PLUS TARD... NOUS SOMMES À LA VERTICALE DU CRATÈRE... GO !

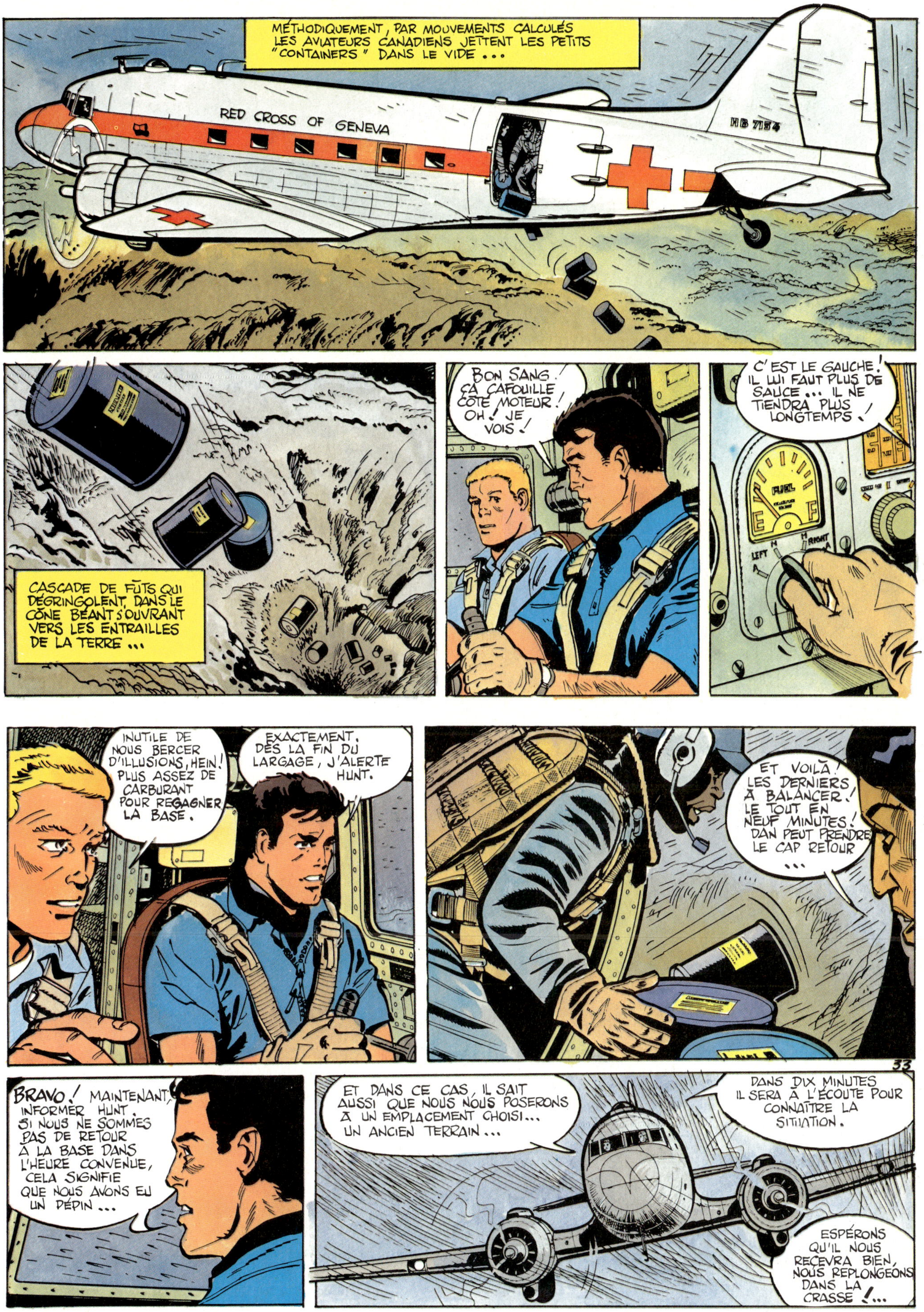
MÉTHODIQUEMENT, PAR MOUVEMENTS CALCULÉS LES AVIATEURS CANADIENS JETTENT LES PETITS "CONTAINERS" DANS LE VIDE ...
RED CROSS OF GENEVA
HB 7154
CASCADE DE FÛTS QUI DÉGRINGOLENT DANS LE CÔNE BÉANT S'OUVRANT VERS LES ENTRAILLES DE LA TERRE ...
BON SANG ! ÇA CAFOUILLE CÔTÉ MOTEUR ! OH ! JE VOIS !
C'EST LE GAUCHE ! IL LUI FAUT PLUS DE SAUCE ... IL NE TIENDRA PLUS LONGTEMPS !
FUEL
LEFT
RIGHT
INUTILE DE NOUS BERCER D'ILLUSIONS, HEIN ! PLUS ASSEZ DE CARBURANT POUR REGAGNER LA BASE.
EXACTEMENT. DÈS LA FIN DU LARGAGE, J'ALERTE HUNT.
ET VOILÀ ! LES DERNIERS À BALANCER ! LE TOUT EN NEUF MINUTES ! DAN PEUT PRENDRE LE CAP RETOUR ...
33
BRAVO ! MAINTENANT, INFORMER HUNT. SI NOUS NE SOMMES PAS DE RETOUR À LA BASE DANS L'HEURE CONVENUE, CELA SIGNIFIE QUE NOUS AVONS EU UN PÉPIN ...
ET DANS CE CAS, IL SAIT AUSSI QUE NOUS NOUS POSERONS À UN EMPLACEMENT CHOISI... UN ANCIEN TERRAIN ...
DANS DIX MINUTES IL SERA À L'ÉCOUTE POUR CONNAÎTRE LA SITUATION.
ESPÉRONS QU'IL NOUS RECEVRA BIEN, NOUS REPLONGEONS DANS LA CRASSE !...

MAIS À LA BASE NORD, LA FÊTE EST FINIE. LES PARAS ONT SURPRIS LES HOMMES RASSEMBLÉS. LES CANADIENS, SOUS BONNE GARDE, ONT ÉTÉ EMMENÉS VERS LEURS QUARTIERS.
CROYEZ-MOI ! NOUS SAURONS DÉMASQUER LES COUPABLES !... IL Y EN A PARMI VOUS QUI ONT PROFITÉ DU TRANSPORT DE MÉDICAMENTS POUR INTRODUIRE DE LA DROGUE DANS NOTRE PAYS.
SURTOUT, NE PAS LAISSER ENTENDRE QUE NOUS CONNAISSONS LE MOTIF RÉEL DE NOTRE ARRESTATION ...
DE LA DROGUE ?... NOUS ?... NON, MAIS ... VOUS RIGOLEZ !...
JE TIENS À ENTRER EN CONTACT AVEC NOTRE AMBASSADE. NOTRE ÉMETTEUR EST...
ON NE BOUGE PAS !
MISÈRE ! COOPER VA APPELER DANS TROIS MINUTES. IL FAUDRAIT QUE J'ARRIVE JUSQU'À L'ÉMETTEUR.
CEPENDANT...
FÉLICITATIONS, GÉNÉRAL, VOS PARAS NOUS ONT AUTANT SURPRIS QUE LES CANADIENS. VOUS AVEZ EU RAISON DE NE PAS NOUS INFORMER ... UNE FUITE ÉTAIT TOUJOURS POSSIBLE... TOUS LES CANADIENS SONT ENTRE NOS MAINS...
ENFIN, PRESQUE TOUS ! IL RESTE QUELQUES AVIATEURS QUI EFFECTUENT UN VOL DE CONTRÔLE SUR UN "DAKOTA"... NON, AUCUN DANGER DE FUITE, GÉNÉRAL.
ILS SERONT ARRÊTÉS À LEUR DESCENTE D'AVION. MES RESPECTS, MON GÉNÉRAL.
AU MÊME MOMENT...
CRRR... CRIOUW. ICI COOPER... J'APPELLE HUNT... NBC 338 BALANCÉ DANS VOLCAN... CRRR... SOMMES RÉELLEMENT À COURT DE CARBURANT... CRRR'OUW...
NON
ATTERRIRONS AILLEURS ... CRRWW VOICI...CRRR... POSITION ...
ARRÊTE ! BASE INVESTIE ! FILE !
DAF...
BAW
? BON SANG !!? AI-JE BIEN ENTENDU ?
34
CATASTROPHE ! IL FAUT PRÉVENIR LE COLONEL ET LE GÉNÉRAL !
HEUREUX QUE VOUS N'AYEZ PAS TIRÉ ... CE N'EST PAS ENCORE LE MOMENT !
EMPORTEZ-LE ! QU'ON AILLE LE "CUISINER" AILLEURS. IL EN SAIT BEAUCOUP !

BON SANG ! FICHU ! HUNT ET LES COPAINS SONT COFFRÉS ! LES AUTRES SAVENT POURQUOI NOUS AVONS DÉCOLLÉ ...
CHATT ! TROUVE-MOI EN VITESSE UN AUTRE ENDROIT POUR NOUS " CRASHER "
PLUS À L'OUEST ET PRÈS DE LA FRONTIÈRE !
ON S'EN OCCUPE, DAN !
MISÈRE ! J'AURAIS DÛ EMBARQUER TOUTE L'ÉQUIPE DANS CETTE MACHINE. PAUVRES GARS ! ENTRE LES MAINS DE CES FURIEUX ILS RISQUENT D'ÊTRE LIQUIDÉS !
OUI, SUR CE PLATEAU DE ZAALED, CE LAC CONVIENDRAIT. LES ABORDS SONT PLANANTS ET BIEN DÉGAGÉS !...
À 3000 MÈTRES ON COURT UN RISQUE : LA NEIGE ! MAIS, C'EST LE MEILLEUR TERRAIN !
O.K. POUR CE LAC... D'APRÈS LE RELEVÉ LA RIVE EST ÉTENDUE ... JE PRENDS !
35
PENSEZ BIEN QUE LES COMPLOTEURS SONT CONSCIENTS DU DANGER QUE NOUS REPRÉSENTONS POUR EUX !
SI NOUS QUITTONS LE PAYS, ÇA BARDERA POUR LEUR MATRICULE. NOUS POURRIONS RÉVÉLER LE SALE COUP QU'ILS MANIGANÇAIENT !...
ILS VOUDRONT EMPÊCHER ÇA PAR TOUS LES MOYENS. S'ILS ONT DES INTERCEPTEURS DE NUIT, ILS NOUS TOMBERONT SUR LA NUQUE SOUS PEU. À NOUS DE NOUS RETROUVER AU PLANCHER DANS LE PLUS BREF DÉLAI...
CE LAC EST PROCHE DE LA FRONTIÈRE. EN MARCHANT LE TRAJET NE SERAIT PAS LONG. AUSSITÔT QUE NOUS SERIONS EN SÉCURITÉ NOUS POURRIONS ALERTER NOTRE AMBASSADE ...
... ET NOS " AFFAIRES ÉTRANGÈRES " ÉLÈVERAIENT DANS L'HEURE UNE MISE EN GARDE SOLENNELLE DANS LE BUT DE PRÉSERVER LA VIE DE HUNT ET DES AUTRES COPAINS.
CROISONS LES DOIGTS, DAN !

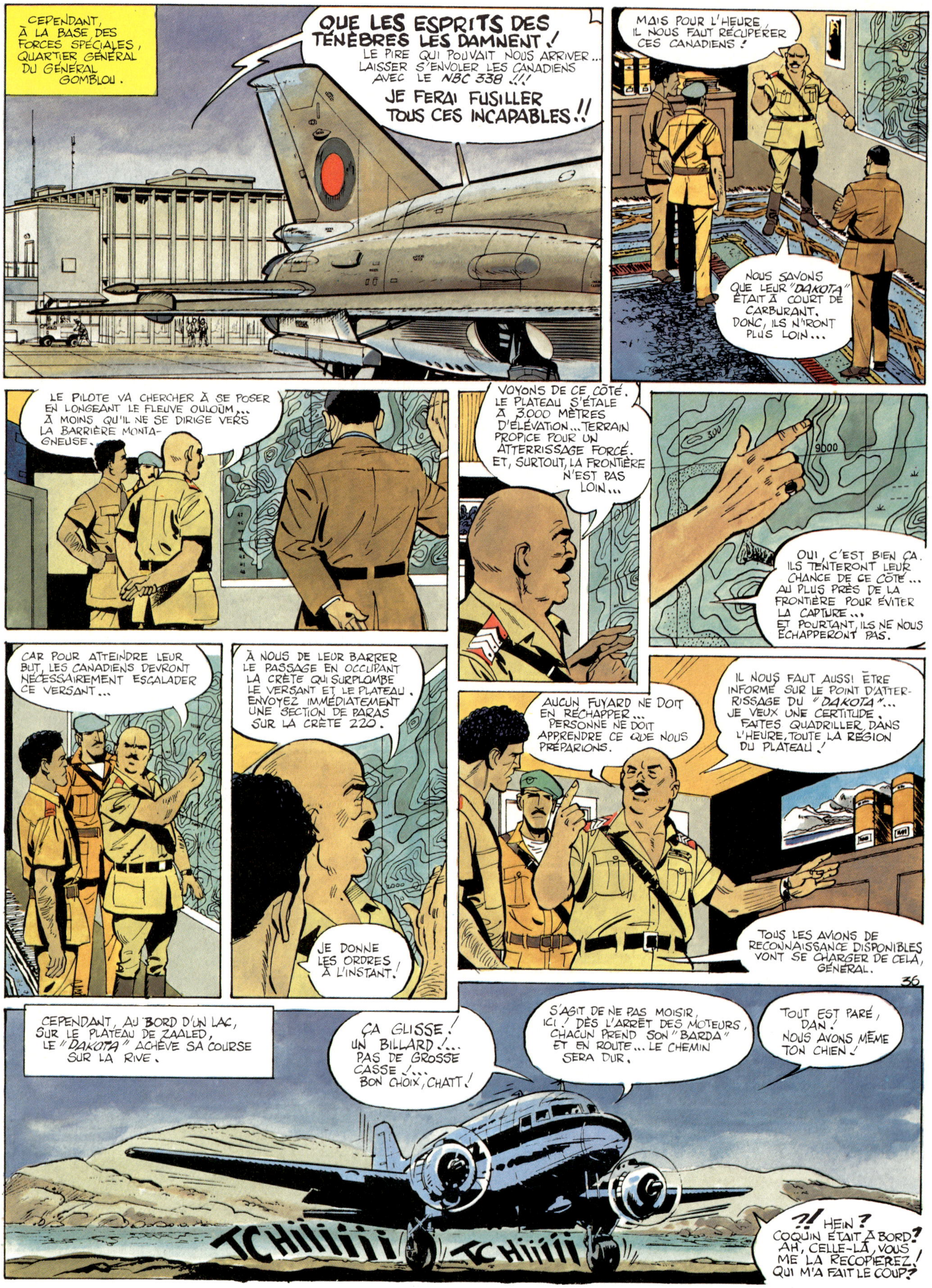
CEPENDANT, À LA BASE DES FORCES SPÉCIALES, QUARTIER GÉNÉRAL DU GÉNÉRAL GOMBLOU.
QUE LES ESPRITS DES TÉNÈBRES LES DAMNENT ! LE PIRE QUI POUVAIT NOUS ARRIVER... LAISSER S'ENVOLER LES CANADIENS AVEC LE NBC 338 !!! JE FERAI FUSILLER TOUS CES INCAPABLES !!
MAIS POUR L'HEURE, IL NOUS FAUT RÉCUPÉRER CES CANADIENS !
NOUS SAVONS QUE LEUR "DAKOTA" ÉTAIT À COURT DE CARBURANT. DONC, ILS N'IRONT PLUS LOIN...
LE PILOTE VA CHERCHER À SE POSER EN LONGEANT LE FLEUVE OULOÜM... À MOINS QU'IL NE SE DIRIGE VERS LA BARRIÈRE MONTAGNEUSE.
VOYONS DE CE CÔTÉ. LE PLATEAU S'ÉTALE À 3.000 MÈTRES D'ÉLÉVATION... TERRAIN PROPICE POUR UN ATTERRISSAGE FORCÉ. ET, SURTOUT, LA FRONTIÈRE N'EST PAS LOIN...
OUI, C'EST BIEN ÇA. ILS TENTERONT LEUR CHANCE DE CE CÔTÉ... AU PLUS PRÈS DE LA FRONTIÈRE POUR ÉVITER LA CAPTURE... ET POURTANT, ILS NE NOUS ÉCHAPPERONT PAS.
CAR POUR ATTEINDRE LEUR BUT, LES CANADIENS DEVRONT NÉCESSAIREMENT ESCALADER CE VERSANT...
À NOUS DE LEUR BARRER LE PASSAGE EN OCCUPANT LA CRÊTE QUI SURPLOMBE LE VERSANT ET LE PLATEAU. ENVOYEZ IMMÉDIATEMENT UNE SECTION DE PARAS SUR LA CRÊTE 220.
JE DONNE LES ORDRES À L'INSTANT !
AUCUN FUYARD NE DOIT EN RÉCHAPPER... PERSONNE NE DOIT APPRENDRE CE QUE NOUS PRÉPARONS.
IL NOUS FAUT AUSSI ÊTRE INFORMÉ SUR LE POINT D'ATTERRISSAGE DU "DAKOTA"... JE VEUX UNE CERTITUDE. FAITES QUADRILLER, DANS L'HEURE, TOUTE LA RÉGION DU PLATEAU !
TOUS LES AVIONS DE RECONNAISSANCE DISPONIBLES VONT SE CHARGER DE CELA, GÉNÉRAL.
36
CEPENDANT, AU BORD D'UN LAC, SUR LE PLATEAU DE ZAALED, LE "DAKOTA" ACHÈVE SA COURSE SUR LA RIVE.
ÇA GLISSE ! UN BILLARD !... PAS DE GROSSE CASSE !... BON CHOIX, CHATT !
S'AGIT DE NE PAS MOISIR ICI ! DÈS L'ARRÊT DES MOTEURS, CHACUN PREND SON "BARDA" ET EN ROUTE... LE CHEMIN SERA DUR.
TOUT EST PARÉ, DAN ! NOUS AVONS MÊME TON CHIEN !
TCHIIIIII
TCHIIIII
?! HEIN ? COQUIN ÉTAIT À BORD ? AH, CELLE-LÀ, VOUS ME LA RECOPIEREZ ! QUI M'A FAIT LE COUP ?

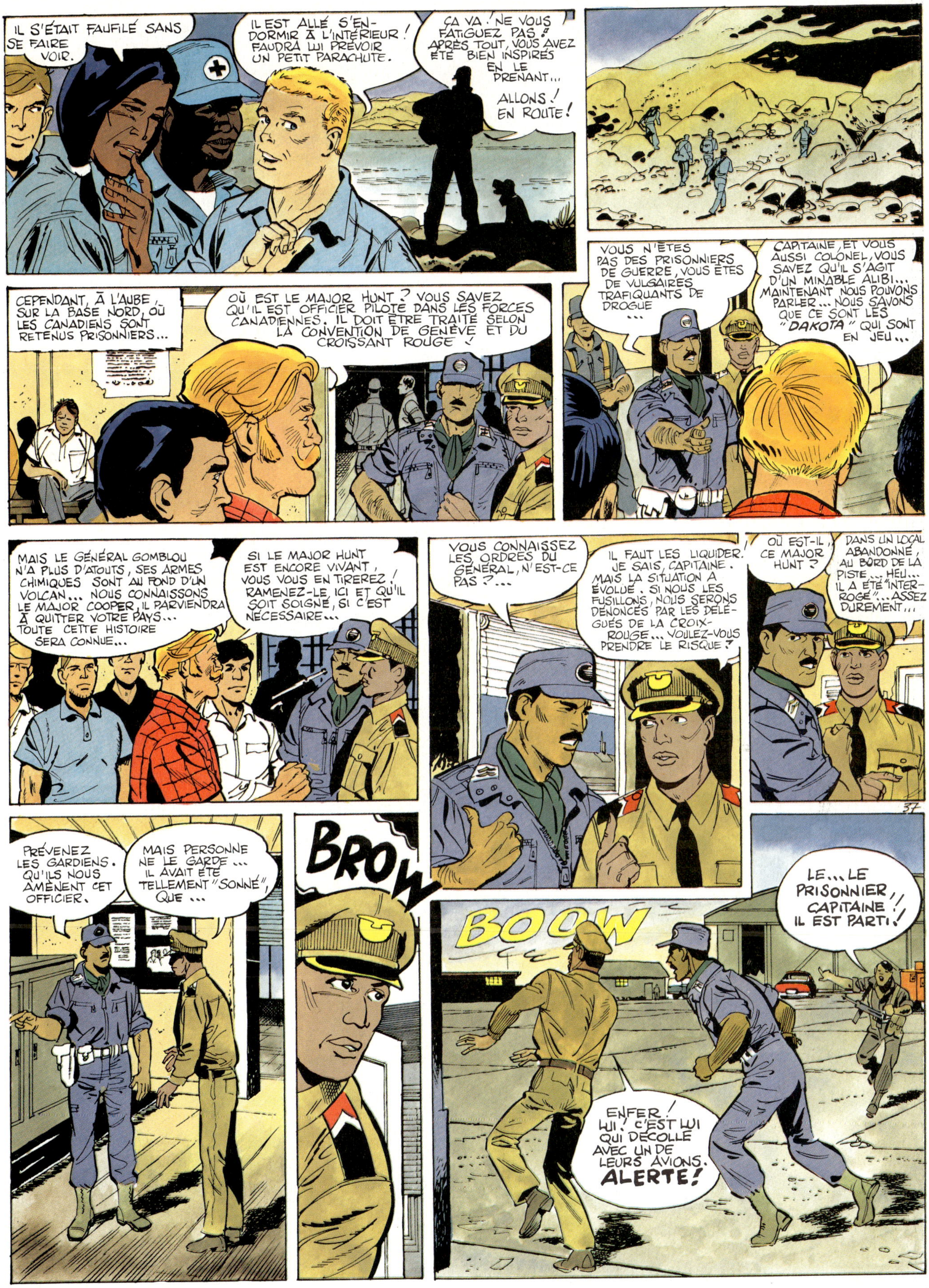
IL S'ÉTAIT FAUFILÉ SANS SE FAIRE VOIR.
IL EST ALLÉ S'EN-DORMIR À L'INTÉRIEUR ! FAUDRA LUI PRÉVOIR UN PETIT PARACHUTE.
ÇA VA ! NE VOUS FATIGUEZ PAS ! APRÈS TOUT, VOUS AVEZ ÉTÉ BIEN INSPIRÉS EN LE PRENANT...
ALLONS ! EN ROUTE !
CEPENDANT, À L'AUBE, SUR LA BASE NORD, OÙ LES CANADIENS SONT RETENUS PRISONNIERS...
OÙ EST LE MAJOR HUNT ? VOUS SAVEZ QU'IL EST OFFICIER PILOTE DANS LES FORCES CANADIENNES. IL DOIT ÊTRE TRAITÉ SELON LA CONVENTION DE GENÈVE ET DU CROISSANT ROUGE !
VOUS N'ÊTES PAS DES PRISONNIERS DE GUERRE, VOUS ÊTES DE VULGAIRES TRAFIQUANTS DE DROGUE...
CAPITAINE, ET VOUS AUSSI COLONEL, VOUS SAVEZ QU'IL S'AGIT D'UN MINABLE ALIBI... MAINTENANT NOUS POUVONS PARLER... NOUS SAVONS QUE CE SONT LES "DAKOTA" QUI SONT EN JEU...
MAIS LE GÉNÉRAL GOMBLOU N'A PLUS D'ATOUTS, SES ARMES CHIMIQUES SONT AU FOND D'UN VOLCAN... NOUS CONNAISSONS LE MAJOR COOPER, IL PARVIENDRA À QUITTER VOTRE PAYS... TOUTE CETTE HISTOIRE SERA CONNUE...
SI LE MAJOR HUNT EST ENCORE VIVANT, VOUS VOUS EN TIREREZ ! RAMENEZ-LE, ICI ET QU'IL SOIT SOIGNÉ, SI C'EST NÉCESSAIRE...
VOUS CONNAISSEZ LES ORDRES DU GÉNÉRAL, N'EST-CE PAS ?...
IL FAUT LES LIQUIDER ! JE SAIS, CAPITAINE. MAIS LA SITUATION A ÉVOLUÉ. SI NOUS LES FUSILLONS, NOUS SERONS DÉNONCÉS PAR LES DÉLÉGUÉS DE LA CROIX-ROUGE... VOULEZ-VOUS PRENDRE LE RISQUE ?
OÙ EST-IL, CE MAJOR HUNT ?
DANS UN LOCAL ABANDONNÉ, AU BORD DE LA PISTE... HEU... IL A ÉTÉ "INTER-ROGÉ"... ASSEZ DUREMENT...
37
PRÉVENEZ LES GARDIENS. QU'ILS NOUS AMÈNENT CET OFFICIER.
MAIS PERSONNE NE LE GARDE... IL AVAIT ÉTÉ TELLEMENT "SONNÉ", QUE...
BROW
BOOW
LE... LE PRISONNIER, CAPITAINE ! IL EST PARTI !
ENFER ! LUI ! C'EST LUI QUI DÉCOLLE AVEC UN DE LEURS AVIONS. ALERTE !

RÉUSSI ! DÉCOLLAGE RÉUSSI ! ADIEU, BANDE DE CHACALS ... CE QU'ILS DOIVENT ABOYER, EN CE MOMENT ! ET SÛR, QU'ILS ONT DÉJÀ DONNÉ L'ALERTE !
LES "VAUTOURS" DU COLONEL SONT "AIRBORNE", C'EST GARANTI !... ET AVEC CE FICHU TEMPS, ILS ONT L'AVANTAGE DE LA STABILITÉ ET DE LA VITESSE !
J'AI QUAND MÊME UN ATOUT... VOLER AU RAS DU PAYSAGE POUR EMPÊCHER LES RADARS DE VEILLE DE ME LOCALISER.
RESTENT LES RADARS DE BORD... LES PILOTES SAVENT TRÈS BIEN DE QUELLE FAÇON JE JOUERAI MON "VA-TOUT" !... EUX AUSSI ME CHERCHENT EN "RADADA"*
* VOL À BASSE ALTITUDE.
EXACT. MAIS AU JEU DU CHAT ET DE LA SOURIS CE SONT PLUTÔT TROIS RAPIDES FÉLINS QUI "FLAIRENT" LES TRACES DU PETIT "SAAB"
DE LEADER ! BRANCHEZ VOS RADARS SUR ZÉRO QUATRE CINQ. NOUS L'ACCROCHERONS LORSQU'IL FRANCHIRA LE CERCLE POUR ATTEINDRE LE PORT. CAR IL EST CERTAIN QU'IL VOLE DANS CETTE DIRECTION.
AU MÊME MOMENT, CETTE FOIS AU NORD DU PAYS, UN IMPOSANT "HERCULES" APPROCHE DU MASSIF MONTAGNEUX OÙ COOPER A POSÉ SON DAKOTA ...
CAP AU 310... 20.000 PIEDS. J'AMORCE DESCENTE À 18.000... PREMIER TOP POUR LES PARAS... NOUS APPROCHONS DE LA ZONE DE "DROPPING"
DE LARGUEUR. BIEN COMPRIS !
38

INUTILE DE LARGUER UN "SIKI"* VENT TROP FAIBLE ... QUASI-NUL ! CE SERA DU GÂTEAU !
SIKI* : PARACHUTISTE LARGUÉ, SEUL, DE NUIT, MUNI D'UNE LAMPE PUISSANTE. ARRIVÉ AU SOL, L'HOMME LANCE VERS L'AVION DES SIGNAUX INTERMITTENTS. MÉTHODE QUI PERMET DE DÉTERMINER LE POINT D'OUVERTURE DES PARACHUTES PAR RAPPORT AU SOL.
NOUS SERONS BIENTÔT À LA VERTICALE DU POINT DE LARGAGE... NOUS VENONS DE PASSER LA DÉPRESSION DES ALUITÉS ...
DE PILOTE À LARGUEUR... J'ATTENDS VOS INSTRUCTIONS POUR CORRIGER LA TRAJECTOIRE DE L'AVION.
DE LARGUEUR À PILOTE. PAS DE CORRECTIONS !... MAINTENEZ L'AXE DE VOL. IL N'Y A PAS DE VENT LATÉRAL, AUCUN RISQUE DE "CRABAGE" !..
ALLONS-Y, LES ENFANTS !...
PRÊTS À MON SIGNAL ! C'EST DU "FACILE", LES GARS.
DE LARGUEUR À PILOTE... LES HOMMES SONT ACCROCHÉS. PASSEZ AU VERT ! ... COUPEZ !
ET DANS L'AUBE NAISSANTE, LES PARACHUTISTES S'ÉLANCENT DE LEUR "HERCULES"
ET TROIS... ET QUATRE... ET CINQ !...
LE VENT EST NUL. ILS SE POSERONT SANS PROBLÈME SUR LE PLATEAU...
AVOUE QUE NOUS AVONS EU UNE SACRÉE VEINE AVEC LA MÉTÉO.
SÛR. AVEC LES VENTS DOMINANTS DANS CETTE RÉGION, NOS GARS AURAIENT ÉTÉ DROSSÉS AU-DELÀ DE LA FRONTIÈRE...
LE CIEL EST AVEC NOUS AZREL. LES ESPIONS SERONT CAPTURÉS PAR NOS PARAS... LE PLATEAU EST LA SEULE VOIE DE PASSAGE.

IGNORANT LE DANGER TOUT PROCHE QUI LES MENACE, DAN, GAGNON, LOUVERTURE, TREMBLAY ET L'INDIEN CREE CHATT AVANCENT DANS UN TERRAIN CHAOTIQUE.
SI RIEN NE NOUS RETARDE, CE SOIR NOUS SERONS À LA FRONTIÈRE.
CE SERAIT L'IDÉAL, MAIS LE GÉNÉRAL GOMBLOU SAIT CE QU'IL RISQUE SI NOUS PARVENIONS À QUITTER LE PAYS...
ICI TRANSPORT 21... APPEL BASE-EST; MISSION ACCOMPLIE! "DAKOTA" REPÉRÉ, ABANDONNÉ DANS SECTEUR PRÉSUMÉ, PROXIMITÉ FRONTIÈRE. INFORMEZ GÉNÉRAL GOMBLOU ET OFFICIER SECTION PARAS QUE NOUS AVONS LARGUÉS. OUT!...
TRANSPORT 21 À UNITÉ PARA APPEL À CAPITAINE. TRANSPORT 21 À UNITÉ PARA!
APPEL À CAPITAINE SAHALI. AVONS REPÉRÉ "DAKOTA"... LES CANADIENS SONT DANS VOTRE SECTEUR.
BIEN REÇU! BIEN REÇU!
NOUS PROGRESSONS VERS LA CRÊTE... LA FRONTIÈRE SERA BOUCLÉE... NOUS NE LAISSERONS AUCUNE POSSIBILITÉ À CES ESPIONS!
ET CHEZ LE GÉNÉRAL GOMBLOU...
PARFAIT, PARFAIT! JE LE SAVAIS... CES CANADIENS NE PASSERONT JAMAIS... ET CELUI QUI S'EST ENFUI DE LA BASE NORD?
NOS TROIS PILOTES QUI LE TRAQUENT VONT LE COIFFER AVANT QU'IL N'ARRIVE AU PORT! SON AVION EST TROP LENT, GÉNÉRAL, IL N'A AUCUNE CHANCE!
TANDIS QUE DAN ET SES HOMMES POURSUIVENT LEUR AVANCE...
SI QUELQU'UN SE PROMENAIT SUR CES TERRES PERDUES, COQUIN LE LOCALISERAIT VITE! FIONS-NOUS À LUI!
POUR NOS ARRIÈRES C'EST UN AUTRE PROBLÈME. JE SUIS CERTAIN QU'ON NOUS RECHERCHE... BON SANG!... CE QUE JE RESPIRERAI MIEUX LORSQUE NOUS SERONS EN SÉCURITÉ!
40

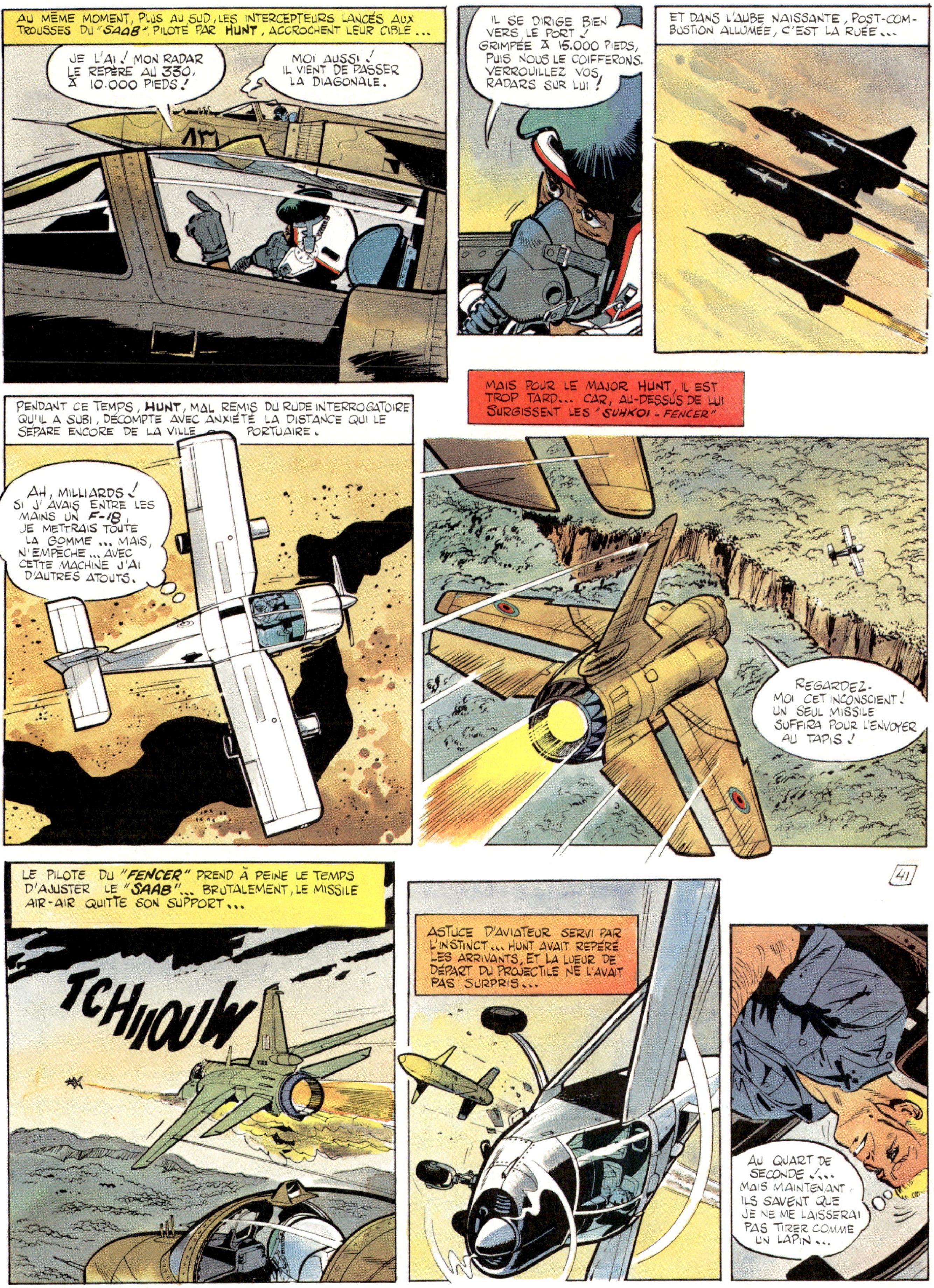
AU MÊME MOMENT, PLUS AU SUD, LES INTERCEPTEURS LANCÉS AUX TROUSSES DU "SAAB", PILOTÉ PAR HUNT, ACCROCHENT LEUR CIBLE...
JE L'AI ! MON RADAR LE REPÈRE AU 330, À 10.000 PIEDS !
MOI AUSSI ! IL VIENT DE PASSER LA DIAGONALE.
IL SE DIRIGE BIEN VERS LE PORT ! GRIMPÉE À 15.000 PIEDS, PUIS NOUS LE COIFFERONS. VERROUILLEZ VOS RADARS SUR LUI !
ET DANS L'AUBE NAISSANTE, POST-COMBUSTION ALLUMÉE, C'EST LA RUÉE...
PENDANT CE TEMPS, HUNT, MAL REMIS DU RUDE INTERROGATOIRE QU'IL A SUBI, DÉCOMPTE AVEC ANXIÉTÉ LA DISTANCE QUI LE SÉPARE ENCORE DE LA VILLE PORTUAIRE.
AH, MILLIARDS ! SI J'AVAIS ENTRE LES MAINS UN F-18, JE METTRAIS TOUTE LA GOMME... MAIS, N'EMPÊCHE... AVEC CETTE MACHINE J'AI D'AUTRES ATOUTS.
MAIS POUR LE MAJOR HUNT, IL EST TROP TARD... CAR, AU-DESSUS DE LUI SURGISSENT LES "SUHKOI - FENCER"
REGARDEZ-MOI CET INCONSCIENT ! UN SEUL MISSILE SUFFIRA POUR L'ENVOYER AU TAPIS !
41
LE PILOTE DU "FENCER" PREND À PEINE LE TEMPS D'AJUSTER LE "SAAB"... BRUTALEMENT, LE MISSILE AIR-AIR QUITTE SON SUPPORT...
TCHIIOUW
ASTUCE D'AVIATEUR SERVI PAR L'INSTINCT... HUNT AVAIT REPÉRÉ LES ARRIVANTS, ET LA LUEUR DE DÉPART DU PROJECTILE NE L'AVAIT PAS SURPRIS...
AU QUART DE SECONDE !... MAIS MAINTENANT, ILS SAVENT QUE JE NE ME LAISSERAI PAS TIRER COMME UN LAPIN...

DÉSESPÉRÉMENT, HUNT SE JETTE VERS LE SOL, DANS UNE SÉRIE DE MOUVEMENTS EN LACETS...
RESTEZ GROUPÉS ! IL AURA BEAU SE DÉMENER COMME UNE TRUITE, NOS RADARS DE BORD L'ONT ACCROCHÉ ET NE LE PERDRONT PAS !
MAIS IL FAUT EN FINIR VITE... LE PORT N'EST PLUS QU'À QUELQUES MINUTES DE VOL ET NOUS NE POUVONS PLUS INTERVENIR AU-DESSUS DE LA VILLE !
HUNT SAIT AUSSI QUE LES MINUTES SUIVANTES SERONT DÉCISIVES.
ATTEINDRE LES FAUBOURGS, C'EST MA DERNIÈRE CHANCE... SANS QUOI ILS ME TRANSFORMERONT EN ÉCUMOIRE...
SI J'ÉTAIS TEXAN, JE CROISERAIS LES DOIGTS !
WAAW!
CETTE FOIS, C'EST AU CANON QU'ILS M'ASSAISONNENT !
BRRRRÂÂÂÂÂ
GEE ! J'AI BIEN CRU QUE J'Y RESTAIS... AU PROCHAIN PASSAGE ILS ME "PLOMBERONT."
SOUDAIN...
DE LEADER À TOUS ! DÉGAGEZ ! DÉGAGEZ !
01·V
?!
42

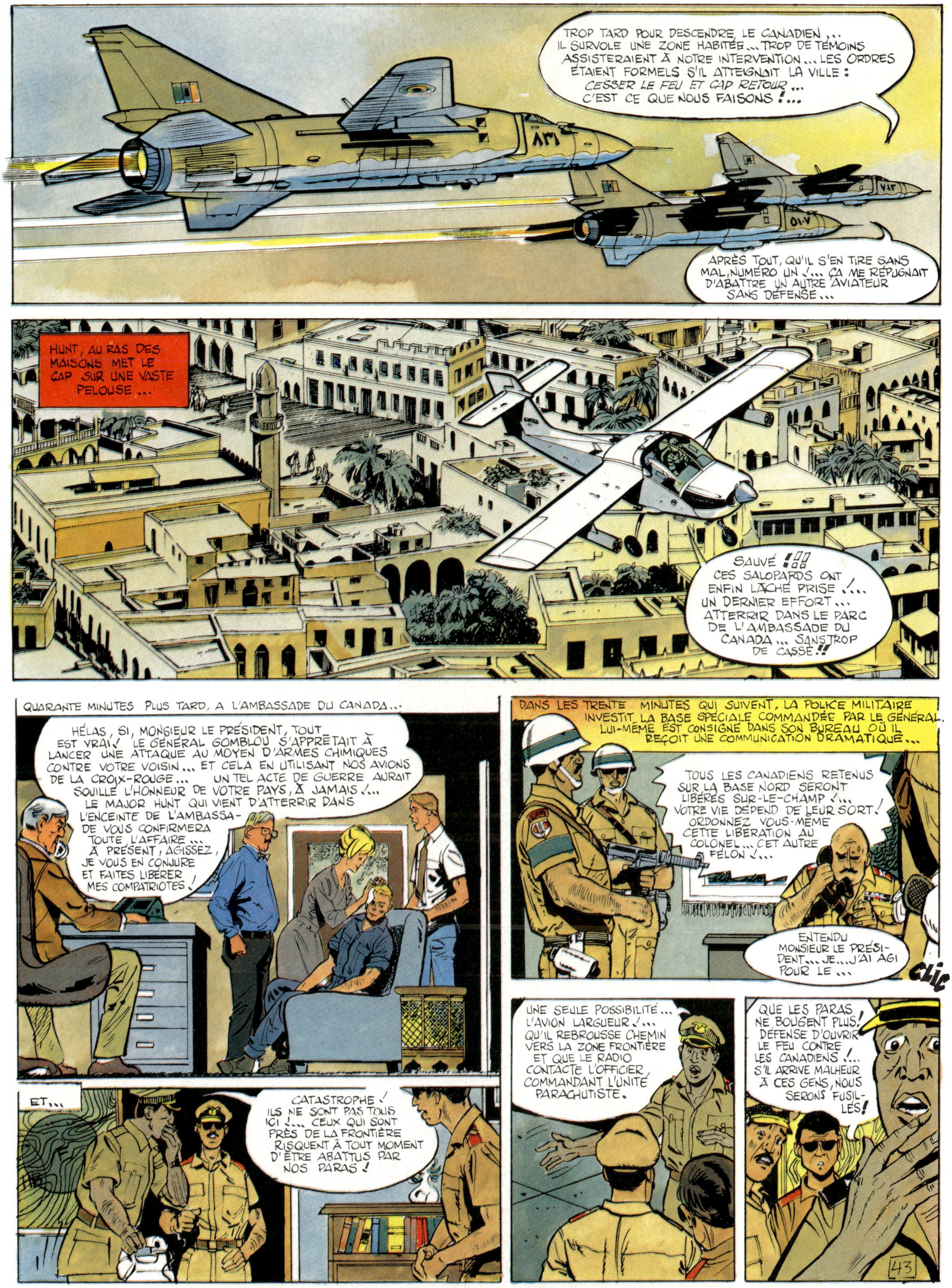
TROP TARD POUR DESCENDRE, LE CANADIEN... IL SURVOLE UNE ZONE HABITÉE... TROP DE TÉMOINS ASSISTERAIENT À NOTRE INTERVENTION... LES ORDRES ÉTAIENT FORMELS S'IL ATTEIGNAIT LA VILLE : CESSER LE FEU ET CAP RETOUR... C'EST CE QUE NOUS FAISONS !...
APRÈS TOUT, QU'IL S'EN TIRE SANS MAL, NUMÉRO UN !... ÇA ME RÉPUGNAIT D'ABATTRE UN AUTRE AVIATEUR SANS DÉFENSE...
HUNT, AU RAS DES MAISONS MET LE CAP SUR UNE VASTE PELOUSE...
SAUVÉ !?! CES SALOPARDS ONT ENFIN LÂCHÉ PRISE !... UN DERNIER EFFORT... ATTERRIR DANS LE PARC DE L'AMBASSADE DU CANADA... SANS TROP DE CASSE !!
QUARANTE MINUTES PLUS TARD, À L'AMBASSADE DU CANADA...
HÉLAS, SI, MONSIEUR LE PRÉSIDENT, TOUT EST VRAI ! LE GÉNÉRAL GOMBLOU S'APPRÊTAIT À LANCER UNE ATTAQUE AU MOYEN D'ARMES CHIMIQUES CONTRE VOTRE VOISIN... ET CELA EN UTILISANT NOS AVIONS DE LA CROIX-ROUGE... UN TEL ACTE DE GUERRE AURAIT SOUILLÉ L'HONNEUR DE VOTRE PAYS, À JAMAIS !... LE MAJOR HUNT QUI VIENT D'ATTERRIR DANS L'ENCEINTE DE L'AMBASSADE VOUS CONFIRMERA TOUTE L'AFFAIRE... À PRÉSENT, AGISSEZ, JE VOUS EN CONJURE ET FAITES LIBÉRER MES COMPATRIOTES !
DANS LES TRENTE MINUTES QUI SUIVENT, LA POLICE MILITAIRE INVESTIT LA BASE SPÉCIALE COMMANDÉE PAR LE GÉNÉRAL. LUI-MÊME EST CONSIGNÉ DANS SON BUREAU OÙ IL REÇOIT UNE COMMUNICATION DRAMATIQUE...
TOUS LES CANADIENS RETENUS SUR LA BASE NORD SERONT LIBÉRÉS SUR-LE-CHAMP !... VOTRE VIE DÉPEND DE LEUR SORT ! ORDONNEZ VOUS-MÊME CETTE LIBÉRATION AU COLONEL... CET AUTRE FÉLON !...
ENTENDU MONSIEUR LE PRÉSIDENT... JE... J'AI AGI POUR LE...
CLIC
ET...
CATASTROPHE ! ILS NE SONT PAS TOUS ICI !... CEUX QUI SONT PRÈS DE LA FRONTIÈRE RISQUENT À TOUT MOMENT D'ÊTRE ABATTUS PAR NOS PARAS !
UNE SEULE POSSIBILITÉ... L'AVION LARGUEUR !... QU'IL REBROUSSE CHEMIN VERS LA ZONE FRONTIÈRE ET QUE LE RADIO CONTACTE L'OFFICIER COMMANDANT L'UNITÉ PARACHUTISTE.
QUE LES PARAS NE BOUGENT PLUS ! DÉFENSE D'OUVRIR LE FEU CONTRE LES CANADIENS !... S'IL ARRIVE MALHEUR À CES GENS, NOUS SERONS FUSILLÉS !
43

PLUS TARD, DANS LA MONTAGNE, AU NORD DU PAYS...
NOUS Y VOILÀ !... CE VERSANT À ESCALADER, LA CRÊTE À FRANCHIR ET NOUS AURONS DU TERRAIN PLAT JUSQU'À LA FRONTIÈRE...
WAAW
WAAW
COQUIN! SILENCE!
GRRR
?!
DES GARDES-FRONTIÈRES!? ILS SONT NOMBREUX ET ILS DESCENDENT VERS NOUS...?!
ÇA VEUT DIRE QU'ILS NOUS SAVAIENT ICI, DAN!... DANS CETTE RÉGION... EN CLAIR, ÇA SIGNIFIE QUE NOTRE "DAKOTA" A ÉTÉ DÉCOUVERT!
SANS NUL DOUTE... INUTILE D'AJOUTER QUE SUR NOS ARRIÈRES, LE GÉNÉRAL GOMBLOU AURA LÂCHÉ D'AUTRES HOMMES DÉCIDÉS À NOUS ÉPINGLER!
AVEC NOS QUELQUES ARMES DE POING, LE COMBAT SERA VITE TERMINÉ, HEIN?...
CEPENDANT, UN HÉLICO S'APPROCHE RAPIDEMENT
AFFIRMATIF, HEIN, POUR LE CAP? C'EST BIEN LE 85?!... PRENEZ GARDE, SI VOUS NOUS TROMPEZ!
J'AI AUTANT INTÉRÊT, QUE VOUS, D'ARRIVER AU PLUS TÔT...
LE CONTACT DEVRAIT S'ÉTABLIR, SAPRISTI!!? AH, MALHEUR! .... ALLÔ, ALLÔ! RÉPONDEZ!
NOUS DEVONS TENTER NOTRE CHANCE SÉPARÉMENT, JACQUES, QU'AU MOINS UN D'ENTRE NOUS RÉUSSISSE À PASSER... IL Y VA DE LA VIE DE TOUS LES COPAINS RETENUS SUR LA BASE NORD.. ET AUSSI, SURTOUT, D'EMPÊCHER L'HORRIBLE HÉCATOMBE QUE PRÉPARE GOMBLOU.
44

TIENS !... ILS NE BOUGENT PLUS...
ILS N'ONT PLUS À SE PRESSER, ILS NOUS AURONT !
MAJOR !? ÉCOUTEZ ! UN HÉLICO S'AMÈNE...
AÏE ! ÇA PROUVE QUE NOUS SOMMES BIEN LOCALISÉS... ILS NE PERDRONT PLUS NOTRE TRACE, JE LE CRAINS...
LES PARAS ONT BIEN REÇU LE MESSAGE... ILS ONT FAIT HALTE !
REGARDE ! SUR LA GAUCHE !... PLUS BAS... COOPER ET SES HOMMES... TÂCHE DE TE POSER AU PLUS PRÈS...
IL BIFURQUE VERS NOUS ! AH, SI NOUS AVIONS DE QUOI NOUS DÉFENDRE...
? DES AVIONS !
EN EFFET, VOLANT À BASSE ALTITUDE, DEUX MONOMOTEURS SURGISSENT AU-DESSUS DU VERSANT...
ILS SONT LÀ ! HURRAH !
ILS... ILS BATTENT DES AILES ! ILS NOUS SALUENT !
MAIS ALORS...? CES PILOTES SONT DES NÔTRES !?... JE NE COMPRENDS PLUS... À MOINS QUE...?...
VOUS VOYEZ CE QUE JE VOIS !?... CE SONT NOS ZINCS ! LES SALOPARDS ! ILS VONT NOUS CANARDER AVEC NOS PROPRES CANONS !
MAIS ?! QUE FONT-ILS ?
45

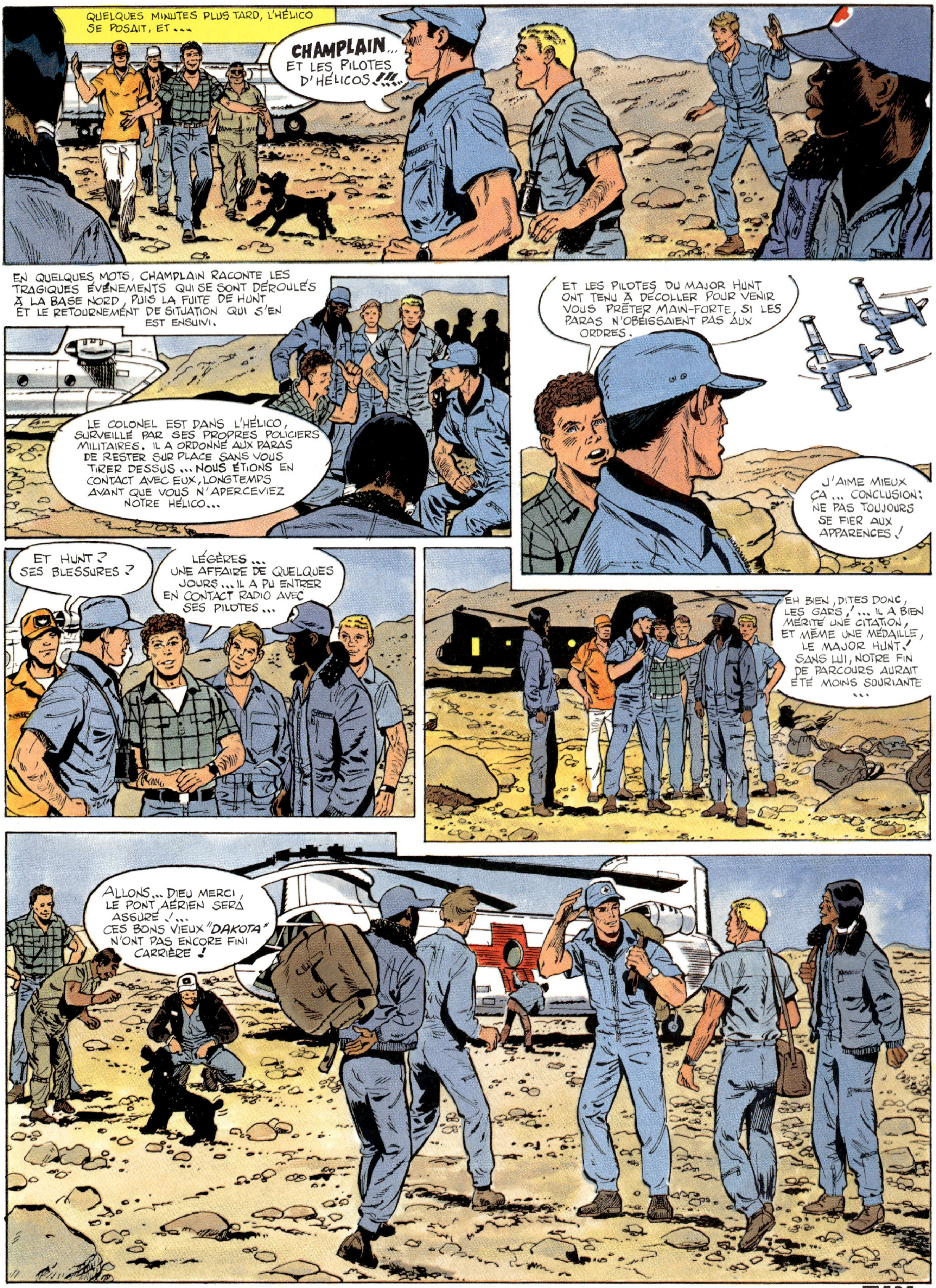

FIN

PRINTED IN BELGIUM BY proost INTERNATIONAL BOOK PRODUCTION

57.3449.6
82.11